Barthle B. Boss

Die erste ist die schwerste…

**Dieses Buch ist eine Million Euro wert.
Dabei kostet es keine 10 Euro.**

Diese Investition rechnet sich immer.

Barthle B. Boss

Barthle B. Boss

Die erste ist die schwerste…

*Bibliografische Information der Deutschen National-
bibliothek:
Die Deutsche Nationalbibliothek verzeichnet diese
Publikation in der Deutschen Nationalbibliografie;
detaillierte bibliografische Daten sind im Internet
über http://dnb.dnb.de abrufbar.*

© *2016 Barthle B. Boss*

Homepage/Kontakt: ***www.B-B-Boss.jimdo.com***

Illustration: **Barthle B. Boss, Clara Yasumi, Kurai**
Kreative Covergestaltung: **Kurai**

*Herstellung und Verlag: BoD – Books on Demand,
Norderstedt*

ISBN 9783739241210

Die erste ist die schwerste…

Inhaltsverzeichnis

- S. 05   Inhaltsverzeichnis
- S. 06   Vorwort
- S. 07   Hans im Glück Teil 1
- S. 08   Was genau ist eigentlich Geld?
- S. 13   Hans im Glück Teil 2
- S. 15   Das Bankensystem
- S. 25   Hans im Glück Teil 3
- S. 26   Staatsfinanzen und Staatsbankrott
- S. 33   Hans im Glück Teil 4
- S. 34   Situation in Deutschland
- S. 42   Hans im Glück Teil 5
- S. 44   Risiko Private Schulden
- S. 48   Hans im Glück Teil 6
- S. 49   Risiko Inflation
- S. 53   Hans im Glück Teil 7
- S. 54   Risiko Zinsen
- S. 60   Hans im Glück Teil 8
- S. 61   Risiko Währungen
- S. 64   Hans im Glück Teil 9
- S. 65   Die Derivatzeitbombe
- S. 72   Hans im Glück Teil 10
- S. 73   Das Schaffen der Voraussetzungen
- S. 75   Hans im Glück Teil 11
- S. 61   Analyse der derzeitigen Situation
- S. 79   Hans im Glück Teil 12
- S. 80   Wie viel Arbeit ist Ihnen der Erfolg wert?
- S. 85   Hans im Glück Teil 13
- S. 86   Risiken minimieren
- S. 89   Hans im Glück Teil 14
- S. 90   Investieren…so nicht!
- S. 104   Hans im Glück Teil 15
- S. 105   Investieren…aber richtig!
- S .117   Hans im Glück Teil 16
- S. 118   Die Erkenntnis

Vorwort

In der Kürze liegt die Würze.

Sonst wird aus einem Vorwort ein Vorkapitel.

Dieses Buch behandelt in schlichter und übersichtlicher Form das Mysterium Geld, Reichtum und den Masterplan für den Aufbau der ersten Million. Dazu gehört eine Betrachtung aller Chancen, Risiken, geeigneter und ungeeigneter Wege.
Der Weg zur ersten eigenen Million ist einfach und für nahezu jeden Menschen offen begehbar, wenn er oder sie die dafür notwendigen Rahmenbedingungen schafft.

Die Voraussetzung dafür ist das grundsätzliche Verständnis der Funktion von Geld, Wirtschaft, Inflation, Staatsfinanzen und den Mechanismen des effektiven Kapitalaufbaus. Dazu kommt unausweichlich der Satz, der mit „Ich will!" beginnt. Denn ohne den absoluten Willen zum Erfolg geht es nicht.
Wissen und Strategie sind die Bausteine des Erfolges. Also nutzen wir sie.

Irgendwann ist das Ziel erreicht.
Aber wie erhält man seinen Besitzstand?
Wie „werthaltig" ist eine Million?
Wie legt man den monetären Segen sicher und rentabel an?
Wie lange bleibt eine Million eine Million?

Bevor wir ins Detail gehen beginnen wir mit *„Es war einmal…"*

Hans im Glück Teil 1

Es war einmal ein Junge mit Namen Hans. Er hatte seinem Lehrherrn, einem Müller, gut gedient und wollte in die Welt hinausziehen, um sein Glück zu machen.
Er bekam für die Mühen seiner Arbeit einen kopfgroßen Klumpen Gold geschenkt. Zu diesen Zeiten hatten Handwerk und ehrbare Arbeit noch goldenen Boden und er war de facto wohlhabend.

Bei vorsichtiger Einteilung des goldenen Segens würde er lange keine Not leiden müssen Vielleicht würde es für eine eigene Mühle reichen. Zumindest ein kleines Häuslein mit ausreichend Grund und Boden für die Selbstversorgung, eine Kuh, ein paar Schweine, Schafe und Hühner waren realisierbare Wünsche.
Hans war ein bescheidener Mensch. Er stellte keine großen Ansprüche und sah sich bereits zufrieden auf einer kleinen Bank vor seinem Häuslein sitzen, ein Bier trinken und Rauchringe gen Himmel blasen.

Als er so seines Weges ging und schwer an seiner Last zu tragen hatte, traf er auf einen vornehmen Herrn. Der vornehme Herr trug ein kleines Lederköfferchen, einen vornehmen, dezent längsgestreiften Anzug, ein ebenso vornehmes Hemd von weißem Leinen und einen merkwürdigen, bunten Strick um den Hals.

Besagter Herr winkte ihm freundlich zu und rief: „Heda, junger Mann. Du musst ein wahrer Glückspilz sein, dass Du mir hier und jetzt begegnest!"
Hans musterte den vornehmen Herrn. Er hatte keinerlei Erfahrungen im Umgang mit gutbetuchten Men-

schen. Aber er war höflich und neugierig zugleich; man kam ins Gespräch. Als Hans den vornehmen Herrn auf den merkwürdigen Strick um den Hals ansprach und fragte, wer ihm denn an den Kragen gewollt habe und wie er dem Galgen entronnen sein, lächelte dieser freundlich und sprach: "Aber nein, mein junger Freund. Da unterliegst Du einem Irrtum. Ich werde es Dir gern erläutern. Doch zuerst einmal verrate mir, was Du da für eine schwere Last zu tragen hast."

Hans, gebeugt von der schweren Bürde des Goldklumpens, zeigte voller Stolz den Lohn jahrelanger, harter Arbeit.
„Wie Ihr seht, Herr mit dem Strick um den Hals, bin ich durch Arbeit zu Wohlstand gekommen. Wenn der ganze Segen doch nur nicht so schwer wäre!"
Hans wischte sich mit dem Handrücken den Schweiß von der Stirn.

Der Herr mit dem Strick um den Hals warf einen Blick auf den Goldklumpen und nickte anerkennend, während sein freundliches Lächeln breiter und breiter wurde.

Fortsetzung folgt...

> **Geld ist völlig unwichtig, vorausgesetzt, man hat genug davon.**

Was genau ist eigentlich Geld?

Geld ist nicht der Zweck, sondern nur das Medium und der Indikator für den eigentlichen Erfolg.
Warum fokussieren wir uns auf die Million? Nun…sie ist eine Größe, ein Ziel. Mehr nicht. Aber eben hilfreich. Aber was genau ist Geld eigentlich?

Geld ist ein Zahlungsmittel.
Eine Schuldverschreibung. Es basiert auf Vertrauen. Der Besitzer des Geldes vertraut darauf, dass irgendjemand dafür Waren oder Dienstleistungen in einer bestimmten Art, Ausprägung und Menge liefert.
Geld ist ein Wertaufbewahrungsmittel. Es kann diesen Zweck nur erfüllen, wenn es seinen Wert dauerhaft behält.
Geld ist eine Recheneinheit. Geld vereinfacht den Tausch von Waren und Gütern, da es die einzelnen Einheiten berechenbar macht. Der Wert der Einheit ist die Kaufkraft des Geldes.
Die Geschichte des Geldes begann ganz einfach mit dem Tausch von Waren. Die Feststellung, dass sich

verderbliche Güter nicht unbegrenzt aufbewahren, nicht immer einfach transportieren und selten fair gegeneinander aufrechnen ließen, machte die Erfindung eines Zahlungsmittels unvermeidbar.

Der Tausch von Kühen gegen Möhren, von Käse gegen Steine, von Bier gegen Fische oder gar von Handwerksleistungen gegen andere Handwerksleistungen erwies sich als kompliziert.

Erste Zahlungsmittel waren Naturalgelder wie zum Beispiel Salz, Muscheln, Getreide, Bernstein, Silber oder Gold. Der Begriff „Sold" ist nicht umsonst von Salz abgeleitet, wurden römische Soldaten doch langjährig mit Salz entlohnt. Silber und Gold wurden anfänglich in Barrenform oder auch in Schmuck verwendet.

Die Verwendung von Münzgeld ließ einige Zeit auf sich warten, da sich die notwendigen Strukturen erst entwickeln mussten. Die ersten Münzen wurden im 7. Jahrhundert v. Chr. geschlagen. Münzen erleichterten den Handel wesentlich. Sie hatten den Vorteil, gleiche Größe, gleiches Gewicht und gleiches Aussehen zu besitzen und statt gewogen abgezählt werden zu können. Die Münzhoheit war dabei ein ebenso wichtiges Thema wie der Umgang mit Fälschungen oder Veränderungen an den Münzen. Menschlicher Einfallreichtum ließ Silber- und Goldmünzen bei jedem Eigentümerwechsel dünner werden und die Verwendung von Legierungen mit wenig Wertgehalt, Bleikernen oder anderen Überraschungen waren an der Tagesordnung.

Bis zu Beginn des 20. Jahrhunderts existierten in vielen Ländern Währungsstandards, die den Geldwert in den verwendeten Währungseinheiten als Wert einer feststehenden Menge des Edelmetalls Gold oder Sil-

ber definierten. Dies war häufig mit der Prägung und dem Umlauf von Kurantmünzen verbunden.
Andere Zahlungsmittel wurden in der Regel vom jeweiligen Emittenten auf Verlangen in Kurantmünzen getauscht, deren Edelmetallmenge dem Nennwert der eingetauschten Zahlungsmittel entsprach. Während bei Kurantmünzen der Münzwert dem Wert des verwendeten Edelmetalls entspricht, ist bei Scheidemünzen ähnlich wie bei Banknoten der Wert einer Münze als Zahlungsmittel höher als der Materialwert. Kurantmünzen sind Warengeld, bei Scheidemünzen handelt es sich hingegen um Kreditgeld.
In den meisten Ländern dominierten zunächst Silberstandards. Preise wurden in den jeweiligen durch Silbermengen definierten Währungseinheiten angegeben. Im täglichen Zahlungsverkehr fanden sowohl Silberkurantmünzen als auch Scheidemünzen Verwendung. Während dieser Zeit umlaufende Goldmünzen hatten einen Kurs zum Silberkurantgeld, der auf den Kurszetteln der Börsenplätze ablesbar war. Goldmünzen dienten als Handelsmünzen zur Bezahlung von Handelspartnern aus dem Ausland
Die meisten Industriestaaten wechselten im 19. Jahrhundert zu einem Goldstandard. In Deutschland waren Banknoten zum Teil durch Gold und zum Teil durch Handelswechsel mit einer Fälligkeit von höchstens drei Monaten gedeckt.
Banknoten der Reichsbank, Reichskassenscheine und Scheidemünzen wurden auf Verlangen bei der Reichsbank in Währungsgoldmünzen eingetauscht. Deutsche Privatbanken mit eigener Notenemission tauschten ebenfalls auf Verlangen von ihnen in Umlauf gebrachte Banknoten in Goldmünzen.

Auf Grund der vor dem Ersten Weltkrieg herrschenden stabilen Währungsverhältnisse bestanden in Deutschland im täglichen Geldverkehr keine Kursunterschiede zwischen Gold-, Papier, Scheide- und Buchgeld. Auch war diese Zeit durch weitgehend stabile Wechselkurse zwischen den Goldstandardländern geprägt.

Papiergeld hat von seiner Substanz her natürlich einen weit geringeren Stellenwert als zum Beispiel Edelmetall wie Silber oder Gold. Auch der Stellenwert von Papier als Nahrungsmittel ist bei kritischer Betrachtung als niedrig anzusehen. Woher kam nun das Vertrauen in diese Form von Geld?

Dieses Vertrauen beruhte ursprünglich darauf, dass es von jedermann jederzeit in Kurantmünzen umgetauscht werden konnte. Dieses Vertrauen war durch ausreichende Bestände an Kurantmünzen in den Schatzkammern des Herausgebers begründet und wurde durch Zusicherung eines Umtauschrechtes meist auf der Banknote in Textform bekräftigt. Papiergeld, welches nicht durch Gold oder Silber gedeckt war, wurde durch Handelswechsel gedeckt. Während der Zeit des Goldstandards war eine solche Deckung in einigen Ländern gesetzlich vorgeschrieben.

Da Papiergeld ohne große Kosten hergestellt werden kann, ist es in Verbindung mit einem Geldschöpfungsmonopol und der Erklärung von Papiergeld zum gesetzlichen Zahlungsmittel möglich, es im Übermaß in Umlauf zu bringen. Das bedeutet dann insbesondere heute das Risiko eines drastischen Wertverfalls, da keine Verpflichtung mehr besteht, es in Silber- oder Gold umzutauschen.

Hans im Glück Teil 2

„Lieber junger Freund." sprach der freundliche Herr mit dem bunten Strick um den Hals. „Gestatte, dass ich mich vorstelle: Ich bin Herr Redlich, Ehrenfried Redlich, angesehener Bürger der freien Stadt Glücksburg. Dem Ort, wo Milch und Honig fließen und bisher jeder sein Glück gemacht hat."
Der Herr mit dem bunten Strick um den Hals strahlte ihn an.
„Ich werde Dir helfen, dass Deine Bürde nicht mehr schwer auf Deinen Schultern liegt. Ich werde Dir die Last um ein Vielfaches erleichtern."

Hans war jung und unbedarft. Aber er war nicht dumm. Gold war Gold. Und er hatte lange hart dafür gearbeitet.
„Wenn Ihr glaubt, ich würde mich von meinem Gold trennen, dann habt Ihr Euch getäuscht, mein Herr. Ich bin doch nicht aus Dummsdorf."

Der freundlich lächelnde Herr mit dem bunten Strick um den Hals legte vertraulich seine Hand auf die Schultern des jungen Mannes und sprach mit dem Ton inbrünstiger Unschuld:
„ Aber nein, junger Mann. Was denkt Ihr nur von mir? Das würde ich niemals tun...bei meiner Seele."
Er hob den Blick gen Himmel, offensichtlich erschüttert ob des Misstrauens. „Folge mir einfach in die Stadt und ich zeige Dir, wie Du Deine Last erträglicher machst und dabei sogar noch Gewinne erzielst."

Da Hans gerade nichts anderes zu tun hatte, der Herr mit dem bunten Strick um den Hals so freundlich lä-

chelte und der Goldklumpen nicht leichter wurde, dachte er sich:
„Nun...was soll schon Schlimmes passieren? Unter die Räuber werde ich in der Stadt kaum kommen und der Herr mit dem bunten Strick um den Hals und dem vertrauenseinflößenden Namen macht einen freundlichen Eindruck."
So folgte er dem Herrn mit dem bunten Strick um den Hals in die Stadt.

Mit jedem Schritt wurde der Goldklumpen schwerer und schwerer. Freundliche Angebote Herrn Redlichs, ihm die schwere Last tragen zu helfen, lehnte Hans ebenso freundlich wie konsequent ab. Auch, wenn ihm der Schweiß von der Stirn floss und die Füße schmerzten, wollte er lieber kein Risiko eingehen. Trau, schau, wem!
Während er die schwere Last schleppte, grübelte er, wie er sich das Leben einfacher gestalten konnte. Ein Esel. Er würde sich im nächsten Ort einen Esel zulegen. Der würde die schwere Last tragen können. So ein Grautier war ungemein praktisch, preiswert im Unterhalt und bot sogar Gesellschaft. Doch als er Herrn Redlich von seiner Idee berichtete, riet ihm dieser, besser noch zu warten und keine übereilten Ausgaben zu tätigen. Außerdem sei die Stadt nah, der Weg gut ausgebaut und das Ziel bald erreicht. Und richtig...einige hundert Meter weiter erblickte er bereits die Turmspitze der freien Stadt Glücksburg.

Fortsetzung folgt...

> „Banken leihen Dir einen Regenschirm, wenn die Sonne scheint und verlangen ihn zurück, wenn es regnet."

Wie funktioniert unser Bankensystem?

Jeder hat mit Geld zu tun. Doch niemand scheint sich Gedanken darüber zu machen, woher das Geld kommt und wohin es geht. Selbst sogenannte Finanzexperten, Politiker und die meisten leitenden Banker verstehen das Geldsystem nicht oder nur unzureichend. Niemand scheint ein Interesse daran zu haben, zu erfahren, wer diesen Mechanismus auf welche Art und Weise steuert.

Unser Staat ist hochverschuldet. Aus der Sicht kritischer Betrachter ist er sogar unrettbar überschuldet. Wie konnte es dazu kommen?

Schulden entstehen dann, wenn mehr Geld ausgegeben als eingenommen wird. Welches vernunftbegabte Wesen verbraucht permanent mehr, als ihm zur Verfügung steht und geht davon aus, dass es unendlich so weiter gehen könnte? Wie kann es zu einer solchen Situation überhaupt kommen?

Die Wurzel des Übels der permanent steigenden Staatsverschuldung liegt im System der Geldschöpfung und dem permanent steigenden Kapitalbedarf von Bund und Ländern durch die Überschuldung und steigende Zinslast, die wiederum durch neue Schulden zu lösen versucht werden, begründet.

Das heutige Geld-, Kredit- und Bankensystem besteht aus einem zweistufiges Bankensystem aus Zentralbanken und Geschäftsbanken mit einem dreifach gesplitteten Geldkreislauf und einem fraktionalen Reservesystem.

Die bestehende Geldordnung, speziell die Geldschöpfung, ist für den Konsumenten intransparent und unverständlich, nahezu frei von Kontrollmechanismen, inflationär und krisenerzeugend, eine wiederkehrende Schuldenfalle, instabil, unsicher und ungerecht.

Soweit ...so schwer verständlich.

Widmen wir uns der Frage, woher das Geld kommt. Sollten Sie, wie die meisten Steuerzahler, der Meinung sein, allein der Staat würde das Geld in Umlauf bringen, unterliegen Sie einer durchaus beabsichtigten Täuschung. Unser Staat druckt zwar Geld...doch die Menge des sich in Umlauf befindenden Geldes in Form von Münzen und Banknoten macht gerade mal etwa 5 % der gesamten Geldmenge aus.

Ein wesentlicher Grund für das Dilemma unserer Staatsfinanzen besteht darin, dass sich die Hoheit über die Geldmenge nicht mehr in Staatshand befindet. Es findet eine unglaubliche Geldvermehrung in

Form der ausgeuferten Giralgeld Schöpfung durch die Banken statt.

Das bedeutet, dass sich Banken die Freiheit nehmen, selbst Geld zu produzieren. Einfach so. Aus dem Nichts heraus und ohne Sanktionen. Spontan könnte der Gedanke aufkommen, dass es sich hier um eine ungeheure Form von Falschmünzerei handelt. Nur eben ohne Münzen. Das so geschaffene Kapital ist nicht real vorhanden, sondern eine reine Kontenbewegung oder auch Phantomgeld.

Banken müssen nur einen Bruchteil der Kredite, die sie vergeben, als Bargeld oder Zentralbankguthaben vorrätig haben. Sie benötigen nur einen geringen Teil der von ihnen getätigten Umsätze als Zahlungsreserve. Nur ein kleiner Teil der Gelder wird bar fällig. Der Hauptteil verbleibt als Guthaben zur Verrechnung in den Büchern stehen (Buch- oder Giralgeld).

Weiterhin stehen die aktuellen Bar-Auszahlungen an Kunden meist Bar-Einzahlungen von anderen Kunden zeitgleich gegenüber. Nahezu jede Auszahlung im System ist eine Einzahlung ins System. Der aktuelle Geldbedarf gleicht sich so weitgehend aus. Verbleibende Reserve-Überschüsse oder Reserve-Fehlbeträge können am Geldmarkt (Interbankenmarkt) kurzfristig ausgeglichen werden.
Banken konnten bereits vor 300 Jahren im Lauf der Zeit erheblich mehr Banknoten ausgeben als sie tatsächlich an Edelmetallreserven als Gegenwert besaßen. Das war der größte Vorteil der Banknoten für die Banken.

Papiergeld zeichnet sich durch drei Eigenschaften aus. Es ist dekorativ, hat einen gewissen Heizwert und kann kostengünstig in nahezu beliebiger Menge hergestellt werden.

Warum akzeptieren Menschen bunte bedruckte Zettel als werthaltig? Woher kommt das Vertrauen in Papierfetzen? Es ist die Macht der Gewohnheit in Einheit mit dem Wunsch nach Sicherheit. Und diese Sicherheit wird von Staats- und Bankenseite immer wieder als vorhanden betont.

Es ist Werbung. Marketing. Es ist das Spiel mit dem Wunsch des Menschen nach Kontinuität und Sicherheit. Leider ist diese Sicherheit völlig illusorisch.

Es besteht aus Staats- und Bankensicht kein Interesse daran, eine durch reale Sachwerte (Gold, Silber, Waren etc.) gestützte Währung zu führen. Allein schon die real verfügbare Goldmenge unseres Planeten reicht bei weitem nicht aus, um die vorhandene Flut an frisch geschöpftem Kapital abzusichern. Gold lässt sich eben nicht beliebig vermehren.

Jede moderne Bank kann auf elektronischem Wege erheblich mehr Kredite vergeben, als sie Zahlungsreserven vorrätig halten muss. Als Reserven dienen die Guthaben auf dem Zentralbankkonto einer Bank und Bargeld in der Kasse sowie dem Geldautomaten.

Je größer und weiter verbreitet eine Bank ist und je voluminöser ihre Umsätze sind, desto verhältnismäßig geringer ist der Bedarf an Reserven. Die Reservebasis liegt zwischen 5% und 10% der laufenden Umsätze. Einige deutsche Großbanken schaffen gerade einmal 2%. Die vergebenen Kredite belaufen sich also auf ein Vielfaches der Reservebasis einer Bank.

Kredite werden definitiv nicht auf der Basis von real vorhandenem Kapitals vergeben. Die Einlagen entstehen im Maße der weitgehend freihändigen Kreditvergabe durch die Banken, besonders durch die Großbanken.

Vorschriften zur Kapitaldeckung und andere gesetzliche und hergebrachte Bankenregeln stellen im Zeitablauf keine echte Begrenzung der Geldschöpfung per Kredit mehr dar. Das geschöpfte Geld fließt sofort buchungstechnisch als Einlage ins Bankensystem zurück und somit früher oder später wieder zur einzelnen Bank.

Die Kreditvergabe und somit die Geldschöpfung wird nur durch die Bonität der Kreditnehmer aus der Betrachtung der Banken beschränkt. In Boom-Phasen gehen die Banken häufig sehr hohe Risiken mit schlechten Schuldnern ein, wie uns die Subprime-Crises (Zusammenbruch 2008 von als Kapitalanlagen verbrieften US-Hypotheken) eindrucksvoll zeigte. Umgekehrt, in Krisenzeiten, sind die Banken mit Krediten umso übervorsichtiger und trocknen damit die Realwirtschaft aus.

Was für ein Dilemma.

Banken haben die Aufgabe, Kredite zu vergeben. Firmen benötigen Kapital, um expandieren zu können. Damit haben sie etwas mit den Banken gemeinsam. Im Gegensatz zu Banken ist es Firmen allerdings verwehrt, die benötigten monetären Mittel selbst zu erschaffen. Kommen die Banken derzeit eigentlich der Aufgabe der Vergabe von Krediten nach?

Banken haben viele Jahre lang gute Geschäfte auf Kosten ihrer Kunden und der öffentlichen Hand gemacht. Allein dadurch, dass der Staat die Herrschaft

über die Geldschöpfung abgab, entgehen ihm laut Schätzungen 25 Milliarden Euro Einnahmen pro Jahr.
In dem Moment, wo die Wirtschaft dringend Geld für eine Initialzündung benötigt, vergeben die Banken keine Kredite mehr, die dringend erforderlich wären, um sie anzukurbeln. Dadurch kommt es zu weiteren Kapitalengpässen, einer Verstärkung der Abwärtsspirale, Forderungsausfällen und Insolvenzen. Die Leidtragenden sind wie üblich die Steuerzahler. Sie werden nicht nur zur Kasse gebeten; es werden auch großflächig Arbeitsplätze vernichtet und bestehende Wirtschaftsstrukturen geschwächt oder vernichtet.

Banken sind Wirtschaftsunternehmen und vor allem ihren Aktionären gegenüber verpflichtet.
Warum sollten Sie Risiken eingehen? Bei einer exorbitant niedrigen Eigenkapitalquote?
Auch Banken sterben. In den USA seit August 2008 immerhin mehrere hundert etablierte Bankhäuser.
Allerdings findet sich immer eine größere Bank, die sich der Hinterlassenschaft annimmt. Bis auf die Schulden, die im Anschluss dem Steuerzahler aufgebürdet werden. Ist es nicht erstaunlich, dass es gegen diese Umverteilung von Besitz von unten nach oben keinen Protest gibt? Würden die Steuerzahler endlich realisieren, was da genau stattfindet, würde ein Aufschrei der Entrüstung zu vernehmen sein, der den Planeten erschüttern würde.

Wenn große oder zu viele Banken in Schieflage geraten, sieht sich die Regierung gezwungen, diese Kreditinstitute vor dem Bankrott zu retten. Dadurch steigert sich die Verschuldung des Staates erheblich. Die Banken nehmen eine Schlüsselstellung ein und ihr Zu-

sammenbruch könnte *angeblich* zum Zusammenbruch der gesamten Wirtschaft führen. Der Staat betätigt sich damit als Gehilfe, der Bankenprofite privatisiert, Bankenverluste dagegen sozialisiert, also auf die Allgemeinheit abwälzt.
Warum eigentlich? Banken, die Misswirtschaft betreiben, sollten wie jedes andere schlecht geführte Unternehmen scheitern können. Eine Bestandsgarantie zu geben, bedeutet faktisch einen Freibrief für haltloses Missmanagement.

Ein Beispiel dafür ist die Rettung der IKB durch den deutschen Staat, somit also des Steuerzahlers. Vergessen wir bitte nicht, dass WIR der Staat sind. Und nicht nur die von uns gewählten Volksvertreter.
Zehn Milliarden Euro wurden von Staatsbank, Bund und privaten Banken zur Rettung der IKB-Bank bereits investiert, dazu kamen Garantien über weitere fünf Milliarden. .
Die angeschlagene Düsseldorfer Mittelstandsbank IKB erbat nach Informationen aus Finanzkreisen weitere Milliardenhilfen vom Staat. Die IKB habe beim Bankenrettungsfonds Soffin weitere Garantien in Höhe von sieben Milliarden Euro beantragt, die Gespräche darüber seien weit fortgeschritten, hieß es vor kurzem. Die IKB wollte die Informationen nicht kommentieren.
Die IKB, die mit weit über 10 Milliarden Steuergeldern gerettet wurde, wurde im Anschluss für 100 Millionen privatisiert. Auf Kosten der Steuerzahler. Eine kaufmännische Glanzleistung unserer Politiker. Aber jedes Volk bekommt die Politiker, die es verdient.

Die Reihe der Pleite gegangenen Banken ist groß. Pikant ist, dass die lange Liste von den Landesbanken angeführt wird. Ob Bayern-LB oder West-LB, ob HSH-Nordbank, Nord LB oder Sachsen-LB...alle hatten beim großen Spiel kräftig mitgewirkt, ohne auch nur den Funken einer Ahnung zu haben, auf was sie sich da eigentlich einließen. Da es sich um Landesbanken handelt, werden Sie maßgeblich von Politikern mitgesteuert, deren Kompetenz im Umgang mit Geld augenscheinlich eher gering ist.

Im nächsten Moment vernahmen wir das laute Klagen von Politikern wie Herrn Steinbrück oder Frau Merkel, die sich darüber empörten, dass die Banken nur unzureichend Ihrer Aufgabe der Kreditvergabe nachkämen. Es waren Krokodilstränen.

Weder die sich in Staatshand befindende KfW noch die Landesbanken, geschweige denn die damals zu 25% dem Staat gehörende Commerzbank, die ihre Eskapaden mit der Übernahme der Dresdner Bank mit ihrer Pleite bezahlte, vergeben ausreichend Kredite, um Engpässe zu lösen. Und kein Politiker ist in der Lage, hier einzugreifen? Nicht einmal die Wirtschafts- und Finanzminister? Dieser Tatbestand ist ein Armutszeugnis für die Finanzpolitik der Bundesrepublik Deutschland.

Bei der KfW liegen Milliarden an Fördermitteln, die nicht abgerufen werden, weil ausgerechnet die Beantragung eben dieser Mittel über die Hausbanken stattfinden muss.

Da die Banken keine lukrative Wertschöpfung an den KfW-Mitteln betreiben können und die KfW somit der härteste Wettbewerber dieser Geldinstitute ist, stellt sich die Frage, wer hier warum den Bock zum Gärtner gemacht hat?

Die Situation ist prekär.
Unser Staat kämpft einen Kampf gegen Altschulden, Zinslasten und Neuverschuldung an, den er nicht gewinnen kann. Der Kampf gegen die Schuldenhydra ist definitiv verloren, wenn die bisherigen Taktiken nichts anderes als „Verschuldung", „mehr Verschuldung" und „noch mehr Verschuldung" produzieren.
Eine Privatperson, die ihre Schulden nicht mehr bezahlen kann, geht in die Insolvenz.
Ein Unternehmen, das seinen Verpflichtungen nicht mehr nachkommen kann, geht Pleite und macht sich der Insolvenzverschleppung schuldig, wenn es den Tatbestand verschleiert. Unser Staat, der definitiv pleite ist, leiht sich permanent neues Geld von anderen Staaten, die zum Teil ähnlich gebeutelt sind und legt zusätzlich immer neue Staatspapiere auf, um auch über die Bürger mit einer vermeintlich mündelsicheren Kapitalanlage wie Bundesschatzbriefen Kapital zu erhalten. Wenn es vom Bund kommt, muss es doch sicher sein, oder?

Nur zum Verständnis: Die Tatsache, dass eine Schuldverschreibung (letztendlich also ein Kreditvertrag) „Schatzbrief" genannt wird ändert nichts daran, dass hier kein Schatz zu finden ist. Es handelt sich schlicht und ergreifend um Schulden, die Anlegern verkauft werden.
Völlig verrückt ist, dass der Anleger die (steuerpflichtige) Verzinsung seines dem Staat überlassenen Kapitals, die er erfährt, aus eigener Tasche im Rahmen der nächsten Steuererhöhung bezahlen muss. Es ist eine Kunst, eine trocken gemolkene Kuh noch einmal auszuwringen, ohne dass sie es auch nur andeutungsweise bemerkt.

Das monetäre System Deutschlands bedarf einer grundlegenden Reform auf einer stabilen Basis, die nur ein Neuanfang sein kann und muss. Ansonsten ruinieren wir die Zukunft der kommenden Generationen aus Dummheit, Ignoranz und Trägheit. Ignoranz ist die schlimmste Form von Blindheit. Sie ist die Blindheit desjenigen, der nicht sehen will.
Der Weg, unsere Staatsfinanzen auf Schulden aufzubauen, hat sich nicht bewährt. Also müssen wir einen anderen Weg gehen. Einen Weg, in dem Schulden in dieser Form keine Daseinsberechtigung mehr haben dürfen.
Der erste Schritt in die richtige Richtung sollte darin bestehen, die selbstgewählte Blindheit wieder abzulegen, die Hoheit über die eigene Währung wieder zu ergreifen und nicht weiter in der Abhängigkeit von Banken und anderen Kreditgebern zu stehen. Das setzt allerdings voraus, dass die Staaten Eigentümer ihrer eigenen Staatsbanken sind. Und genau da liegt der Hase im Pfeffer. Nahezu alle sogenannten Staatsbanken inklusive der Bundesbank, der amerikanischen FED und der EZB befinden sich in Privatbesitz. Die Eigner versuchen mit aller Macht ihre Identität zu verschleiern. Wo kämen wir denn hin, wenn der Bürger plötzlich verstünde, dass ihm die sozusagen eigene Staatsbank nicht mehr gehört?
Eine landeseigene Bank kann als Vollbank selbst Geld herstellen und dem Land als zinsloses Darlehn zur Verfügung stellen. So müsste ein Staat sich nicht gegen Zinsen extern bei Privatunternehmen rekapitalisieren oder refinanzieren und in Folge ruinieren. Das allerdings würde den Privatbanken massive Einbrüche bescheren. Also wird es kaum dazu kommen. Und schon merkt man, wer das Land wirklich regiert.

Hans im Glück Teil 3

Hans betrat, dem Herrn mit dem bunten Strick um den Hals folgend, die freie Stadt Glücksburg. Herr Redlich hatte nicht zu viel versprochen. Abgesehen davon, dass nirgendwo wirklich Milch und Honig flossen, machte Glücksburg einen sehr wohlhabenden Eindruck. Die Häuser waren groß und reichhaltig verziert, die Straßen mit bestem Granit gepflastert, alles war sauber, ordentlich und akkurat. Die Bürger waren in bestem Tuch gewandet und reichhaltige Blumenrabatten zierten die Wege.
„Folge mir, junger Freund. Es soll Dein Schaden nicht sein." Der Herr mit dem bunten Strick um den Hals zog dezent aber zielgerichtet Hans hinter sich her, bis sie am Marktplatz der freien Stadt Glücksburg ankamen. Dort hielten sie am größten und prächtigsten Haus des Platzes. Den Eingang zierten zwei goldene Löwenstatuen so, als ob sie die große Flügeltür bewachten, zu der die breite Marmortreppe führte. Der Mann mit dem bunten Strick um den Hals öffnete einladend die Tür und lud Hans mit einer weit ausladenden Armbewegung zum Eintreten an.
„Tritt nur ein, junger Freund. Dies ist der Ort, an dem alle Deine Probleme gelöst werden und aller Ärger der Vergangenheit angehört."
Hans trat eher zögerlich ein. Ihm fehlte die Erfahrung, sich an Orten dieser Art angemessen zu bewegen und zu verhalten. Doch was sollte schon Schlimmes passieren? In einer solchen Umgebung? In Gesellschaft eines Mannes mit so ansprechendem und vertrauenserweckendem Namen?

Fortsetzung folgt...

> "Was zu Gunsten des Staates begonnen wird, geht oft zu Ungunsten des Volkes aus."

Staatsfinanzen und Staatsbankrott

Das Schreckgespenst Staatspleite geht um in Europa, Amerika und anscheinend auch im Rest der Welt.

Was bedeutet das Risiko Staatspleite für unsere angedachte Million?
Staaten können ebenso wie Firmen oder natürliche Personen bankrott sein. Der Staatsbankrott ist die förmliche Erklärung einer Regierung, fällige Forderungen nicht mehr (Repudiation) oder nur noch teilweise erfüllen zu können, oder die faktische Einstellung fälliger Zahlungen.

Der Staatsbankrott war bisher in der Geschichte auf folgende drei Ursachen zurückzuführen:

- Die Überschuldung des Staates
- Der Untergang des Staates.
- Die Weigerung, Schulden zu bezahlen.

Ein wesentlicher Gesichtspunkt ist auch, ob die Währung eines Landes stark genug ist, spekulativen Angriffen oder negativen Entwicklungen auf den Finanzmärkten zu widerstehen. Da durch den Maastricht-Vertrag der Europäischen Zentralbank ausdrücklich untersagt ist, Staatsanleihen der Mitgliedsstaaten aufzukaufen, ist es nicht ausgeschlossen, dass ein Mitgliedstaat der Eurozone zahlungsunfähig wird. Was ist die derzeitige Lösung? Wir weichen die Stabilitätsgrundlage auf und lassen die EZB schalten und walten und kaufen, was das Zeugs nur hergibt.
Ist ein Staat nicht mehr in der Lage, seine Staatsschulden zu bedienen oder die Zinszahlungen auf seine Verschuldung auf Grund seiner gesamtwirtschaftlichen Situation zu leisten, so tritt der Staatsbankrott ein. Dabei reicht es aus, dass der betreffende Staat nur einen Teil der Schuldzinsen bzw. der Staatsschuld nicht mehr bedient bzw. diese nicht mehr ablöst.

Der Staatsbankrott wegen Überschuldung stand bisher, historisch betrachtet, immer am Ende einer Reihe von Jahren oder Jahrzehnten einer Haushaltsnotlage, in welcher der Staat mehr Gelder ausgegeben als eingenommen hat. Diese Budgetdifferenzen wurden durch Neuverschuldung bei in- und ausländischen Bürgern, Banken und Staaten freiwillig oder unfreiwillig gedeckt.

Die sichtbarste Folge des Staatsbankrotts ist, dass die Gläubiger ihr an den Staat verliehenes Geld sowie die Zinsen darauf ganz oder zumindest teilweise verlieren. Oft wird im Rahmen von internationalen Verhandlungen ein teilweiser Schuldenerlass oder eine Umschuldung vereinbart. Diese Abkommen sichern die Rückzahlung von Teilbeträgen unter Verzicht auf die meisten Forderungen. Im Rahmen der Argentinien-Krise mussten die Gläubiger z. B. auf bis zu 75 % ihrer Forderungen verzichten. Der Übergang von der Reichsmark in die D-Mark bescherte dem Reichsmarkbesitzer einen realen Kurs von gerade einmal 6 DM auf 100 RM.

Wie selten oder häufig sind Staatspleiten?
Im Laufe der Geschichte gab es eine Reihe von Staatsbankrotten.
In Deutschland war der Staat im 20. Jahrhundert zweimal bankrott: 1923 als Spätfolge des Ersten Weltkrieges und nach dem Zweiten Weltkrieg mit der Folge der Währungsreform 1948. Zahlungsunfähig waren im Jahr 1811 das Kaisertum Österreich, 1813 Dänemark und 1876 das Osmanische Reich.
1918 weigerte sich die Sowjetregierung die Schulden des Russischen Reiches zu bedienen. Spaniens König Philipp II. war während seiner Regierungszeit gleich dreimal gezwungen, seinen Gläubigern den Staatsbankrott zu erklären. In den Jahren 1557, 1575 und 1596 konnten keine Zahlungen mehr geleistet werden. 1557 war besonders das Handelshaus der Welser hiervon betroffen.

Am 17. August 1998 erklärte Russland die Restrukturierung von Zins- und Tilgungszahlungen von Staatsanleihen im Volumen von 13,5 Mrd. USD, was einem Ausfall dieser Anleihen entspricht. In der Folge kam es an den Kapitalmärkten zu deutlichen Kursveränderungen.
Im Jahr 2002 hatte Argentinien einen Staatsbankrott.

Im Zuge der Finanzkrise ab 2007 verstaatlichte Island die drei größten Banken des Landes, die Verbindlichkeiten in Höhe von ca. 900 % des BIP angehäuft hatten. Am 16. Oktober 2008 gab die Regierung Islands an, eine fällige Anleihe der verstaatlichten Glitnir - Bank in Höhe von 750 Millionen US-Dollar nicht zurückzuzahlen, womit Island de facto zahlungsunfähig wurde.

In den USA sind mittlerweile mehrere Bundesstaaten zahlungsunfähig, z.B. Kalifornien und Kansas. Es ist davon auszugehen, dass es nicht dabei bleiben wird.

Eng verbunden mit dem Staatsbankrott und deshalb auch als verschleierter Staatsbankrott bezeichnet, sind Maßnahmen des Staates, mit denen er seine Verbindlichkeiten zwar nominell erfüllt, das jedoch mit entwertetem Geld. In diesem Fall drohen Hyperinflation und schließlich eine Währungsreform. So kann eine Hyperinflation als eine spezielle Form oder als Maßnahme zur Verzögerung des Staatsbankrotts betrachtet werden.
Beide haben eine gleiche Ursache, nämlich die Überschuldung des Staates. Beide vermindern die Schuldenlast des Staates auf die Gläubiger, und beide treten oftmals zeitlich hintereinander auf.
Währungsreformen sind ein übliches Mittel eines Staates, einen kompletten Neustart hinzulegen. Beispiele der jüngeren Vergangenheit waren unter anderem Jugoslawien, die Türkei, und Argentinien.

Im Unterschied zu Privatunternehmen hat ein Staat eine Reihe von Möglichkeiten, einen Staatsbankrott der Form nach zu verschleiern. Es gelang und gelingt

ihm, den Staatsbankrott meist durch verschiedene propagandistische und administrative Maßnahmen zeitweilig aufzuschieben. Allerdings gibt es nur einen „Aufschub", denn das Ende ist absehbar.
Die Erkenntnis: Im Falle einer Staatspleite kann unsere Million von heute auf morgen wertlos sein, wenn wir sie in der Form von Geld halten.

Woran erkennt man den beginnenden Staatsbankrott?

Nehmen wir als Beispiel Argentinien.
Die Regierung erklärte, dass die Lage in keinster Weise besorgniserregend sei. Man hätte alles im Griff, im Gegensatz zu gewissen Nachbarländern. Man verkündete, dass die Spareinlagen der Sparer sicher wären. Die Regierung selber gab ihr persönliches Ehrenwort.
Das alles ereignete sich an einem Freitag.

Am Montag waren die Banken plötzlich geschlossen und wie in einem Bürgerkrieg verbarrikadiert. Dicke Stahlplatten sicherten Türen und Fenster. Telefone und Geldautomaten waren außer Funktion.
Die Kunden waren erst irritiert. Dann hochgradig verärgert. Versuche, mit dem heimischen PC und Internetbanking zum Erfolg zu gelangen, blieben fruchtlos. Erstaunt stellten die Kunden fest, dass ihre Konten in einer anderen Währung geführt wurden als vorher.
Leider waren Abbuchungen nach wie vor nicht möglich und die Stimmung in der Bevölkerung ging konsequent im Tiefgang in mindestens das 2. UG.
Die Regierungschefs hatten bereits am Freitag das Land per Privatjet verlassen und lassen aus ihrem Asyl in „Far Far Away" mitteilen, dass sie alles, aber

auch wirklich alles unternommen hatten, um das Unglück abzuwenden. Allerdings habe es Sachzwänge gegeben...und nun ja...dumm gelaufen halt.
Der Aktionismus im Lande ging weiter. Eine Übergangsregierung löst die andere ab. Mittlerweile wurden die Bankkonten abgeschafft, die Bürger enteignet. Privater Goldbesitz war inzwischen verboten, alle Schließfächer in den Banken vom Staat beschlagnahmt. Erboste Bürger rotteten sich vor den Banken zusammen und versuchen sie aufzubrechen.

Die Supermärkte waren bereits am Montag gegen 09.30 Uhr komplett ausverkauft. Es gab weder Nahrungsmittel noch Benzin, Medikamente oder Tabak zu erwerben. Plünderungen blieben erfolglos mangels Masse.
Der Strom kam nach wie vor aus der Steckdose. Nur eben nicht immer. Gelegentlich. Wenn genug Brennstoff für die Energielieferanten vorhanden war.
Die Wasserversorgung funktionierte nur noch eingeschränkt. Medizinische Versorgung in Krankenhäusern fand mangels Medikamenten ebenfalls nur bedingt statt.

Die gesamte Infrastruktur war vorübergehend zusammengebrochen. Die Landbevölkerung hatten den Auftrag, das Stadtvolk zu versorgen. Allerdings sah das Landvolk nicht die Notwendigkeit und kooperierte nicht. Die Lösung: Gezielte Enteignung von Produzenten durch den Staat. Es entwickelten sich Tauschbörsen. Zeit gab es genug, da nahezu alle arbeitslos waren. Fastenzeit für Arme. Es kam zu Übergriffen und Plünderungen bei vermeintlich Reichen und

Landwirten. Das Stadtvolk machte mobil und plünderte die umliegenden Gehöfte.
Das Militär war überfordert, da Millionen von Menschen militärisch nicht mehr zu unterdrücken waren.

Hilfsprogramme setzten ein. Einige Wochen Fasten hatten noch niemandem geschadet. Etliche Monate nach dem Bankrott stabilisierte sich die Lage. Der Staat ersetzte den Leuten nach ein paar Jahren sogar einen kleinen Teil ihrer ehemaligen Ersparnisse. Lebensversicherungen, Sparverträge, Bargeld...alles zu einer Quote von 100 zu vielleicht 5, ganz so wie damals in Deutschland nach dem 3. Reich.
Erstaunlich gut schnitten nur die Banken ab, die rechtzeitig auf den Bankrott des eigenen Landes gewettet hatten. In einer sicheren Währung natürlich. Wer aus dem Bankenbereich traute schon ausgerechnet der eigenen Währung?
Der absolute Gewinner war der nun schuldenfreie bzw. teilentschuldete Staat, der seinen neuen Weg mit einer satten Neuverschuldung begann. Schließlich musste investiert werden...in Infrastruktur, Subventionen und Diäten.
Und das Rad drehte sich wieder...
Der Ausstieg aus dem Irrsinn kann nur dann funktionieren, wenn Staaten aus dem Schuldgelddilemma aussteigen. Wenn die Chance einer Staatspleite nicht genutzt wird, um nach einer „Insolvenz" neu und ohne Schulden durchzustarten, dann bleibt nur noch der Weg, die Politiker dahin zu schicken, wo sie anscheinend hergekommen sind: Zum Teufel mit ihnen. Sofort und ohne Rückfahrkarte.

Hans im Glück Teil 4

Hans betrat den Marmorpalast. Er war beeindruckt. So viel Marmor. Goldverzierungen. Und lauter Herren in dezenten dunklen, längsgestreiften Anzügen, die einen bunten Strick um den Hals trugen und geschäftig hin- und hereilten.
Einige von ihnen saßen an reichgeschnitzten Tischen und waren mit Besuchern, die an ihrer eher konventionellen Kleidung zu erkennen waren, ins Gespräch vertieft.
In Hans entstand der Eindruck, dass Herr Redlich sich soeben vervielfältigt hatte.
Ein ganzes Haus voller Herren im Anzug, die einen bunten Strick um den Hals trugen.
Herr Redlich gab Hans ein Handzeichen, ihm zu folgen.
Sie durchquerten die Halle und gingen einen langen Korridor entlang, der mit dickem, roten Teppich ausstaffiert war, in dessen Flor Hans Füße knöcheltief versanken.
„Hier hinein, junger Freund"

Hans, der mittlerweile ein seltsames Gefühl in der Magengegend verspürte, hielt mit beiden Händen den Goldklumpen fest umklammert.
Auf ein Handzeichen hin nahm er in einem äußerst angenehmen Ledersessel Platz, während sich der Herr mit dem bunten Strick um den Hals ihm gegenüber an einen Tisch mit einem ähnlichen Sessel setzte.

„Kaffee...Tee...Zigarre gefällig, junger Freund?!"

Fortsetzung folgt...

> „Tatsachen schafft man nicht dadurch aus der Welt, dass man sie ignoriert."

Die Situation in Deutschland

Im Jahr 1950 betrug die Staatsverschuldung am Kreditmarkt in Deutschland weniger als 10 Milliarden Euro. Das ist im Verhältnis zur heutigen Verschuldung ein sehr übersichtlicher Betrag.

Der Bund der Steuerzahler hat errechnet, dass der bundesdeutsche Schuldenzuwachs pro Sekunde derzeit 2279 Euro beträgt. Die Schulden pro Kopf betragen 26145.- Euro oder auch 2.170.827.100.000 Euro gesamt, sekündlich steigend (Stand 13.11.2014 15.20 Uhr). Diese Zahlen sind nicht nur erschreckend hoch, sondern auch auf konventionellem Wege nicht mehr zu bewältigen.

Wollen Sie sich gründlich schockieren lassen, dann schauen Sie mal der Schuldenuhr eine Minute lang beim Laufen zu.

Unter der Voraussetzung, dass es ab sofort keine Neuverschuldung mehr gäbe, müssten wir also, um den Schuldenberg innerhalb der nächsten 30 Jahre abzubauen, jährlich einen Aufwand von mehr als 60 Milliarden Euro bei 5 % Zinsen zuzüglich Tilgung aufwenden.
Da jedoch unsere Schulden jährlich um etwa 140 Milliarden Euro nur durch Kreditzinsen ansteigen, nähern wir uns in absehbarer Zeit einem Bereich, der fast den gesamten Jahresetat der Bundesrepublik ausmacht.
Wie bereits erwähnt...diese Zahl steigt sekündlich.
Unter Berücksichtigung der Verschwendung von etwa 30 Milliarden Euro Steuergeldern jährlich sollte mehr als nur ein fassungsloses Kopfschütteln durch die Republik gehen.

Ach ja: Alle Schuldenuhren gehen falsch!

Denn sie alle gehen vom Schuldenstand am Ende des letzten Jahres aus, schätzen dann die Neuverschuldung des laufenden Jahres und errechnen daraus, wie hoch der Schuldenstand in dieser Sekunde angeblich auf den Euro genau ist.
Niemand weiß, wie hoch die Neuverschuldung des laufenden Jahres ist. Die Haushaltspläne liegen meist Dutzende von Milliarden Euro neben dem Endergebnis. Erst im nächsten Frühjahr errechnet das Statistische Bundesamt diese Zahl aus Tausenden von Meldungen.

Und: Die Schulden verändern sich nicht gleichmäßig, sondern tagsüber schneller als nachts (dann wird an den Märkten nicht gehandelt), und wenn die Betriebe am 10. des Monats die Lohn- und die Umsatzsteuer zahlen, sinkt die Verschuldung für einen Tag etwas stärker.

Trotzdem haben Schuldenuhren einen Sinn. Denn sie machen anschaulich, dass die Staatsverschuldung eine schier unglaubliche Höhe erreicht hat und wenn überhaupt nur minimal zurückgeht.

Die Schuldenbaustellen sind reichhaltig. Wir verschulden uns über verbriefte Staatsverbindlichkeiten wie die beliebten Bundesanleihen, Bundesschatzbriefe, Kommunalanleihen etc. und zusätzlich mit den zukünftigen staatlichen Verpflichtungen wie z. B. Renten- und Pensionszahlungen. Wir betreiben Kosmetik, um nicht das gesamte Ausmaß der Situation zu zeigen.

Neben der offenen Verschuldung gibt es natürlich auch eine verdeckte Staatsverschuldung. Der Begriff der verdeckten Staatsverschuldung beschreibt eine Staatsverschuldung, bei welcher der Schuldner nicht der Staat selbst ist. Hier handelt es sich um ein Sondervermögen des Staates. Auch wenn diese Schulden nicht als Schulden des Staates bilanziert werden, sind sie doch wirtschaftlich diesem zuzurechnen.

Ein Beispiel dafür ist die Budgetausgliederung von Staatsunternehmen oder Sozialversicherungen.
Eine Budgetausgliederung wird dann zum Träger verdeckter Staatsverschuldung, wenn sie zwar formal selbständig, wirtschaftlich von den Zuweisungen des ausgliedernden Haushaltes abhängig ist.

Des Weiteren werden ungewisse Verbindlichkeiten in der staatlichen Vermögensrechnung wie Pensionen, Verbindlichkeiten gegenüber der Rentenversicherung wegen versicherungsfremder Leistungen oder Public Private Partnership-Projekte wie die Kosten der Maut-Einführung vor der Übernahme der Schulden und Verwaltungsschulden nicht ausgewiesen, während Finanzschulden, Leasinggeschäfte, der Fonds Deutsche Einheit, die Treuhandanstalt oder der Erblastentilgungsfonds ausgewiesen werden.

Motiv für verdeckte Staatsverschuldung ist neben dem Wunsch, die Verwendung von Verschuldung für bestimmte Zwecke deutlich zu machen, die Absicht, die staatliche Verschuldung geringer erscheinen zu lassen, als sie wirklich ist.
Durch die staatliche „Rettung" der Banken hat sich die Summe beträchtlich aufgebläht. Das macht die Zahlen noch beeindruckender, lenkt aber letztendlich nur davon ab, dass die Situation auch vorher bereits so verfahren war, dass keine Chance auf Sanierung aus eigenen Kräften mehr bestand.

Wem nutzt es, wenn die Schulden, die unsere Generation macht, unseren Kindern, Enkeln und Urenkeln aufgebürdet wird? Wir haben kein Recht darauf, die finanzielle Zukunft unserer Nachkommen wie in einem riesigen Kasino zu verspielen.

Gewinner des ganzen Spiels sind die Spielbanken. Und mit dem Stichwort Spielbank haben wir einen Großteil der Wurzel des Übels entdeckt.

Widmen wir uns kurz dem Thema Steuergelder.

Wir leben in einem produktiven Land. Anscheinend können wir es uns deshalb leisten, jedes Jahr geschätzte 30 Milliarden Euro an Steuergeldern zu verschwenden.

Bund, Länder und Gemeinden könnten mühelos zweistellige Milliardenbeträge einsparen, wenn weniger sorglos, weniger großzügig und dafür aber effizienter mit dem Geld der Steuerzahler umgegangen würde.

Die Beispiele der Verschwendung reichen von maßlosen Baukostenüberschreitungen, Beschaffungspleiten, unnötige Politikerreisen, wertlosen Gutachten, unsinnigen Subventionen bis hin zu teuren Schildbürgerstreichen, überflüssigem Bürokratismus und Korruption.
Der Bund der Steuerzahler veröffentlicht jedes Jahr im Herbst sein Schwarzbuch „Die öffentliche Verschwendung", in dem skandalöse Beispiele von Steuergeldverschwendung dokumentiert werden.

Die Gründe der Verschwendung sind vielfältig. Nicht nur, dass sich fremder Leute Geld leichter ausgibt als das eigene, auch ein nicht mehr zeitgemäßes Haushaltsrecht, fehlende Kosten- und Leistungsrechnung, veraltetes Dienst- und Besoldungsrecht, übertriebener Perfektionismus und ungezügelte Regulierungswut tragen zur Verschwendung bei. Vor allem aber müssen Verschwender kaum Sanktionen befürchten.

Dass die Verschwendung öffentlicher Mittel so selten geahndet wurde, hat mehrere Gründe. Steuergeld-Verschwendung ist wie Korruption eine Straftat ohne

unmittelbares Opfer. Der Leidtragende der öffentlichen Verschwendung ist der anonyme Steuerzahler.
Betrachtet man Verschwendung im Einzelfall, so wird von den Verantwortlichen meist geleugnet, dass der öffentlichen Hand überhaupt ein Schaden entstanden ist. Selbst wenn gegen geltendes Haushaltsrecht verstoßen oder Haushaltsansätze überzogen wurden, muss das nach derzeit geltendem Verständnis von Strafrechtlern noch längst kein Schaden sein.

Die Bandbreite der Ausreden ist beträchtlich. Das Haushaltsrecht wurde in der Vergangenheit auf diese Weise systematisch zum Recht zweiter Klasse degradiert. In konkreten Fällen wird bei eingeleiteten Untersuchungen von den Verantwortlichen und ihren Vorgesetzten auf Zeit gespielt.
Die Strafbarkeit der Veruntreuung öffentlicher Mittel verjährt nach fünf Jahren, wobei bis zum bekannt werden des Vergehens oft schon Jahre vergangen sind. Das ist regelmäßig der Fall, wenn der Rechnungshof die Haushaltsführung des vorvergangenen Jahres geprüft und Verschwendung aufgedeckt hat.

Es liegt an den Steuerzahlern, sich nicht entrechten zu lassen, sondern mit Nachdruck auf ihr Recht auf einen sparsamen Umgang mit ihrem Geld zu pochen. Wenn der begründete Verdacht besteht, dass Steuergelder verschwendet werden, leitet der Bund der Steuerzahler die notwendigen Schritte ein. Es liegt dann auch an den Staatsanwaltschaften, die Sachverhalte und Verantwortlichen zu ermitteln und Anklage zu erheben.

Verschwender müssen bestraft werden. Davon würde ein Signal an potentielle oder noch unentdeckte Steuergeldverschwender ausgehen. Es ist längst überfällig, eine leistungsorientierte Beurteilung und Bezahlung sowohl bei Politikern als auch den Mitarbeitern von Behörden und Verwaltung, von Bund und Ländern zu verordnen. Ein generelles Problem besteht darin, dass hier vornehmlich die unmittelbar ins Auge gefassten Zielgruppen darüber entscheiden, ob es zu Maßnahmen dieser Art kommen wird. Die Wahrscheinlichkeit einer Umsetzung ist daher als eher niedrig einzuschätzen.

Besonders kritisch unter dem Aspekt der Verschwendung von Steuermitteln sind kreative Schöpfungen wie die Abwrackprämie zu betrachten. Hierbei handelte es sich um die ungenierteste Form von Wählerstimmenfang auf Kosten des Steuerzahlers, die man sich nur vorstellen kann. Pikant dabei ist, dass die Wahlkampfparteien aus einer bestehenden großen Koalition heraus gegeneinander mit ein und demselben Produkt zu Felde zogen, also mit gemeinsam beschlossenen Maßnahmen.

Die Vernichtung von durch die Steuerzahler erwirtschaftetem Vermögen hat Methode. Anscheinend fehlt es auf Seite der Agierenden an moralischer und ethischer Integrität gegenüber den Leistungsträgern der Gesellschaft, denn sonst würde es einen solches Ausmaß an Verschwendung nicht geben können. Zum anderen mangelt es der Bevölkerung an Verständnis für die Schwere der Situation und die Ausweglosigkeit bei Beibehaltung der derzeit gültigen Praxis.

Sowohl auf „Staatsseite" als auch auf Seite der „Bevölkerung" ist es an der Zeit, sich vor Augen zu führen, dass der „Staat" im Sinne einer Demokratie nichts anderes als die Herrschaft durch die Masse der Bevölkerung ist. Die „Treuhänder" des Vermögens unserer Bevölkerung erwecken den Eindruck von Spielsüchtigen auf einem riesigen Monopolyspiel, die sich im Gegensatz zu den Mitspielern auf deren Kosten unbegrenzt kreditieren können.

Anscheinend haben wesentliche Mitglieder unserer Gesellschaft den Bezug zur Basis verloren und gehen Wege fernab von der Gemeinschaft. Es stellt sich die Frage, ob „Demokratie" die zutreffende Bezeichnung für unsere Staatsform ist. Der Anschein einer „Kleptokratie", also einer Bananenrepublik drängt sich auf. Die Selbstbedienungsmentalität hat brutale Formen angenommen. Egal, was auch immer an Kosten entsteht, ob Bankenrettung, Subventionen für die Industrie, sich permanent erhöhende Rüstungsausgaben im Auftrag der Nato, die immer teurer werdenden Sozialversicherungen von der Krankenversicherung bis zur Rentenversicherung, explodierende Pflegekosten und neuerdings mehrstellige Milliardenbeträge für Zuwanderer ohne einen rechtlich begründeten Anspruch darauf: Der brave, deutsche Bürger zahlt alles und sei es noch so absurd.

Es geht soweit, dass der deutsche Steuerzahler die Krankenversicherungsleistungen für die Angehörigen in Deutschland beschäftigter türkischer und ehemals jugoslawischer Arbeitnehmer tragen muss. Das betrifft sogar deren Großeltern und es ist dabei völlig egal, ob die Arbeitnehmer sich überhaupt noch in Deutschland befinden.

Hans im Glück Teil 5

Nach ein wenig zwangloser Plauderei erfuhr Hans, dass er sich in einer Bank befand.
Bänke kannte er...Banken hingegen nicht.

„Was genau bitte ist eine Bank?"
Herr Redlich beugte sich nach vorn, sah Hans tief in die Augen und antwortete:
„Sicherheit!"

Hans verstand ihn nicht.
„Nun, junger Freund, eigentlich ist alles ganz einfach. Du selbst sagtest doch vorhin, wie schwer die Bürde des Reichtums auf Dir laste. Wie unbequem und lästig es doch sei, solch einen Ballast mit sich herumschleppen zu müssen. Wir können Dir dabei helfen und Dir das Leben glücklicher gestalten."

Hans verstand ihn nach wie vor nicht.
„Gold ist gewichtig, oder? Zudem schwer zu teilen und zu bewerten, nicht wahr?"
Das verstand Hans und stimmte zu.
„Es kann Dir zudem von Räubern gestohlen werden, wenn Du über das Land reist, oder?"
Auch das verstand Hans.
„Wir machen einfach folgendes. Wir verwahren hier bei uns Dein Gold für Dich. Und wann immer Du etwas davon brauchst, holst Du es einfach hier ab. Ist das gut?"
„Wie soll das von statten gehen, Herr Redlich? Wird dann einfach etwas davon abgesägt?"
„Aber nein, aber nein, junger Freund. Du bekommst von uns etwas noch viel besseres als Gold."

„Ja, was könnte denn besser sein als Gold?" Hans war verblüfft.
„Nun, Du bekommst von uns diese wunderschönen Banknoten der Stadt Glücksburg. Wir nennen Sie Glückstaler. Damit kannst Du in unserer schönen Stadt alles kaufen, was Dein Herz begehrt. Alles."

Herr Redlich legte einen Schwung bunt bedruckter Papierscheine vor sich auf den Tisch.
„Ich soll mein schönes Gold gegen Papier tauschen?" Hans war nicht erbaut von dem Gedanken.
„Aber ja. Es ist leicht, einfach zu transportieren, kann bei uns sicher verwahrt werden und sieht zudem wunderschön aus. Sieh nur, wie hübsch es bedruckt ist."
„Aber...wer garantiert mir, dass ich dafür wirklich etwas kaufen kann? Was ist, wenn...ja wenn...?" Hans grübelte immer mehr.
„Mein junger Freund. Geld beruht auf Vertrauen. Und der Stadt Glücksburg und ihrer Bank kannst Du getrost vertrauen. Wir kennen uns aus mit Geld. Hätten wir sonst so viel davon?"

Hans hatte ein Bauchgefühl, welches ihm nahelegte, den Tempel des Geldes sofort zu verlassen. Doch Herr Redlich drückte ihm mit sanfter Gewalt einen Stift in die Hand und zeigte ihm, wo er seine Unterschriften zu leisten hatte. Im Anschluss an die Transaktion verließ er in Gesellschaft Herrn Redlichs das Büro in Richtung Schalterraum. Der Goldklumpen wog zwar schwer...doch es stellte sich ein gewisser Trennungsschmerz ein.

Fortsetzung folgt...

> „Das Denken ist zwar allen Menschen erlaubt, aber vielen bleibt es erspart."

Risiko Private Schulden.

Die Pleitewelle macht keinen Halt vor den privaten Haushalten. Leben auf Kredit in den Bereichen außerhalb der „Basics" ist für viele private Haushalte obligatorisch geworden.
Niedrigere Kreditzinsen und mehr Flexibilität gegenüber Kunden mit finanziellen Nöten fordern Verbraucher- und Wohlfahrtsverbände von den Banken. Die Kreditinstitute dürften es sich nicht unter dem mit Steuergeld aufgespannten Rettungsschirm bequem machen, so lange Deutschlands Unternehmen in einer Kreditklemme steckten und auch die privaten Haushalte durch die Wirtschaftslage strapaziert wären. Doch was sollte die Banken, die ihren Aktionären gegenüber verpflichtet sind, dazu motivieren? Schließlich verdienen Banken vornehmlich am Kreditgeschäft.

Ein Blick auf die Zahlen: Schon heute sind drei bis vier Millionen Haushalte in Deutschland überschuldet.

60 Prozent der Verbraucherschulden stammen aus rückständigen Krediten. Kurzarbeit und Arbeitslosigkeit treiben infolge der Wirtschaftskrise noch mehr Menschen in die Überschuldung.
Banken bitten in ihrer selbst verschuldeten wirtschaftlicher Not einerseits den Bürger um Hilfe durch Steuermittel, um ihn dann andererseits ohne Rücksicht auf welche Umstände auch immer zur Kasse zu bitten. Die Banken haben bislang die letzten Leitzinssenkungen der Europäischen Zentralbank nicht an ihre Kunden weitergegeben. Vielmehr nutzten einige Institute sogar die Gunst der Stunde, um die Zinsen für Dispositionskredite zu erhöhen. Das dieses Verhalten in gewisser Hinsicht schamlos ist, steht außer Frage. Allerdings machen die Banken tatsächlich nur ihren Job, nämlich Gewinne zu erzielen.

Hier sind als Ansprechpartner weniger die Banken als vornehmlich die Politiker gefragt. Wenn schon die Bankhäuser, die in den globalen Spielcasinobetrieben Milliarden verzockt haben, sich vom Steuerzahler über die Rettungsmaßnahmen sponsern lassen, sollte es doch nicht weiter schwer sein, eben diese Rettungsmaßnahmen an Bedingungen zu knüpfen. Es ist nahezu paradox, dass der Steuerzahler mit ungeheuren Steuergeldmengen Bankhäuser vor der Pleite bewahrt, um daraufhin von eben diesen Instituten selbst in die Pleite getrieben zu werden.
Gemeinsam mit fünf großen Wohlfahrtsverbänden stellte der Bundesverband der Verbraucherzentralen den Schuldenreport 2009 vor. Gemäß dem Nachrichtenmagazin Focus, welches sich auf eine Angabe der Bundesbank bezieht, hält jeder Haushalt in Deutschland 40.000 Euro Schulden.

Das Bündnis fordert ein " arbeitsmarktbedingten Sofortprogramm der Kreditwirtschaft" für überschuldete Haushalte: Die Banken sollten die Leitzinsen an die Verbraucher weitergeben, flexibel auf kurzfristige Engpässe reagieren und etwa Kredite ohne Verzugszinsen stunden. Bei längeren Einkommensausfällen der Kunden sollten ihnen niedrigere Zinsen statt teure Umschuldungen angeboten werden.

Die Verbraucherzentralen handeln in diesem Falle grenzenlos populistisch, da sie ja durchaus an dieser Form von Ungerechtigkeit partizipieren. Ohne Ungerechtigkeiten dieser Art wären sie überflüssig und ihre Mitarbeiter arbeitslos. Und auch bei den Verbraucherzentralen sollte sich herumgesprochen haben, dass Forderungen dieser Art auf diesem Wege nicht durchsetzbar sind. Aber es liest sich gut.
Abgesehen davon, dass eine faire Lösung wünschenswert wäre, ist auch in den privaten Haushalten ein Umdenken dringend von Nöten. Konsumieren ist völlig legitim. Aber die Erkenntnis, dass man langfristig nicht mehr Kapital ausgeben kann, als man einnimmt, sollte selbst dem schlichtesten Gemüt einleuchten.
Einer Schätzung zu Folge sind mittlerweile 50 % der Urlaube deutscher Ferienfreunde fremdfinanziert. Handyrechnungen treiben Menschen in den Ruin. Etliche Geringverdiener versuchten seinerzeit, die Abwrackprämie in Verbindung mit Krediten für den Kauf eines Neuwagens zu nutzen. Die Blauäugigkeit, mit der die energisch beworbenen Kreditangebote der Banken in Anspruch genommen wurden und werden, ist erschütternd.

Es gibt keine „freundliche" Bank und kein grünes „Band der Sympathie". Der ureigene Sinn und Zweck einer Bank liegt im Erwirtschaften von Gewinnen und nicht in sozialem Engagement.
Trotz allem darf nicht alles auf die Banken geschoben werden. Die Dealer des leicht zu erlangendem Kreditgeldes wäre ohne ihre Junkies chancenlos. Man hat dem unbedarften Konsumenten klargemacht, dass das Leben ohne die lustigen Spielzeuge vom Auto bis zum Mobiltelefon, vom neusten PC bis zum Luxusurlaub auf den Malediven, einfach nicht lebenswert ist.

Es gibt schließlich auch eine gewisse Eigenverantwortung des sogenannten mündigen Bürgers. Und die beginnt im privaten Haushaltsbereich und endet noch lange nicht beim Engagement bezüglich der Gestaltung der Rahmenbedingungen in Deutschland über den 4-jährigen Termin der Stimmabgabe bei der Bundestagswahl.
Ein generelles Umdenken ist mehr als überfällig. Es hilft nicht, nur an den offensichtlichen Verursachern der Krise, den Banken, herum zu kritteln, ohne sich gleichzeitig an die eigene Nase zu fassen. Anscheinend hat es sich noch nicht herumgesprochen, dass eine permanent ausfernde Schuldenaufnahme in die Pleite führt. Aber das Volk will lieber Spaß als Ratio. Anscheinend führt das immer niedriger werdende Bildungsniveau dazu, dass keinerlei Verständnis für die private finanzielle Situation auch für die Akzeptanz permanent steigender Staatsschulden sorgt. Wenn man schon zu „schlicht" ist, die eigene Misere zu verstehen, dann klappt das auch mit abstrakteren Situationen nicht. Schulden sind, egal ob privater oder staatlicher Natur, immer ein Killer. Ohne Ausnahme.

Hans im Glück Teil 6

Hans hatte sich letztendlich überzeugen lassen. Es war ihm erheblich leichter gefallen, nachdem Herr Redlich ihm den Tresorraum gezeigt hatte, in dem sich Berge von Gold, Silber und Geschmeide auftürmten. Ja, die Glücksburgbank war ein reiches Unternehmen. Und sein Goldklumpen bezog Quartier neben all den anderen wertvollen Dingen.

Herr Redlich versicherte ihm, dass in Glücksburg sowieso nur mit Glückstalern gezahlt werden könne. Der Wert der Papiere sei stabil und Gold würde die Händler nur überfordern. Auch brächte ein Konto bei der Glücksburgbank Zinsen. Sein Geld würde so für ihn arbeiten und ihn noch wohlhabender machen.

So verließ Hans die Glücksburgbank um viel Gewicht erleichtert und doch voller Sorgen, ob seine Entscheidung so gut gewesen war. Er war nun Inhaber eines Kontos und hatte einige Geldscheine bei sich, um sie auszuprobieren.
Er machte die Probe aufs Exempel, betrat den nächsten Gasthof, bestellte sich einen Krug Wein und bezahlte mit Papier-Glückstalern, die der Wirt gern entgegennahm.
Hans war erleichtert und ein gewisses Glücksgefühl stellte sich bei ihm ein. Hier in Glücksburg ließ es sich anscheinend gut leben und er entschied sich dafür, sich in dem schönen Ort anzusiedeln.

Fortsetzung folgt...

> „Die Risiken des Geldwertes sind ein Mangel an Vertrauen in die Währung und die Inflation."

Risiko Inflation

Inflation (aus dem Lateinischen „sich aufblasen") bezeichnet den überproportionalen Anstieg der Geldmenge. Es verändert sich also das Austauschverhältnis von Geld zu Gütern oder Dienstleistungen, wenn deren Menge nicht proportional mitwächst. Für eine Geldeinheit gibt es weniger Güter, oder umgekehrt: Für Güter muss mehr Geld gezahlt werden; das heißt, sie werden teurer. Daher kann man unter Inflation auch eine Geldentwertung verstehen.

Unterschieden wird zwischen Inflation und „gefühlter" Inflation. Ist das nicht wirklich irrwitzig? Es ist absurd und erinnert eher an den Wetterbericht mit der „gefühlten" Temperatur als an seriöse Betrachtung des Phänomens.
Inflation ist abhängig vom Warenkorb, der zur Betrachtung herangezogen wird. Der wiederum ist in seiner Zusammenstellung abhängig von demjenigen, der eine ganz bestimmte Aussage getroffen haben will.

Stellen wir einen Warenkorb mit einer hohen Gewichtung auf Unterhaltungselektronik zusammen, haben wir keine Inflation mehr. So einfach ist das. Betrachten wir jedoch die realen Preissteigerungen für einen deutschen Haushalt mit 4 Personen, liegen wir mittlerweile bei geschätzten 10% pro Anno.
Die Bewertung von Inflation entsteht per Statistik. Diese sagt genau das aus, was der klar definierten Grundgesamtheit und der damit einhergehenden Fragestellung entnommen werden soll.

Meine Großmutter war im Jahre 1923 statistisch betrachtet vielfache Milliardärin. Sie hatte einen Wäschekorb voller Geld und erwarb dafür eine Briefmarke und ein Brot. Das Briefporto kostete 50 Milliarden Mark, das Brot 5 Billionen Mark. Trotz all ihrer Milliarden konnte man Großmutter nicht als reich bezeichnen. Das Haus, das sie sich für 6.000 Reichsmark nach der nächsten Währungsreform kaufte, wird heute mit 200.000 Euro gehandelt. Das ist ein bestechendes Argument für gute Sachwerte und gegen die buntbedruckten Zettel einer Bank.

Nun war Großmutter nicht der einzige Mensch, der dieser Erfahrung teilhaftig werden durfte. Hyperinflation gab es unter anderem:

1622 Europa im 30-jährigen Krieg
1799 Frankreich, Französische Revolution
1923 Deutschland
1939 – 1948 Deutschland (Währungsreform)
1945 – 1946 Ungarn
1991 Argentinien

1994 Brasilien
1995 Mexiko
1997 Asienkrise u.a. Thailand, Indonesien, Südkorea
2002 Argentinien
2008 Simbabwe als „Leader" mit 2,79 Trillionen %

Inflation ist ein treuer Weggefährte des Geldes vorbehaltlich eines vorhandenen Zinssystems. Inflation hat Ihre Ursache in einer permanent steigenden Geldmenge. Das ist jedoch nur ein kleiner Bestandteil des gesamten Phänomens. Inflation kommt dann zum Tragen, wenn bei steigenden Kosten und steigender Geldmenge gleichzeitig das Vertrauen in die Währung schwindet.
Die Ursachen dafür können vielfältiger Natur sein.
Es ist vollkommen ausreichend, wenn internationale Banken, Länder oder auch Rating-Agenturen ihr Misstrauen öffentlich zur Schau stellen und eine Währung in Folge nicht mehr als Zahlungsmittel auf den internationalen Märkten geschätzt wird.
Währungen können auch das Opfer von Spekulationen an den internationalen Märkten sein. Mittlerweile kann durchaus davon gesprochen werden, dass Großmächte Währungskriege zur Beherrschung von Märkten führen. Wenn solche Strategien angewandt werden, beginnt das laute und weit vernehmliche Geläute der Totenglocke der Währung und Wirtschaft eines Landes.
Wir befinden uns mittlerweile im Kriegszustand. Die Waffen, die in Europa derzeit im Einsatz sind, heißen Derivate, Staatsanleihen, Staatsschulden, Maastrichtverträge, Freihandelsabkommen wie TTIP oder CETA, Wirtschaftsblockaden gegen Russland, Straf-

gelder gegen VW oder andere Konzerne und vieles mehr.
Die internationalen Märkte welchen Bereichs auch immer, sind nur noch Spekulationsobjekte der Finanzkonzerne und der Großindustrie. Kurse werden manipuliert und Gewinne in astronomischer Höhe ohne irgendeinen substanziellen Hintergrund eingefahren. Es kann von heute auf morgen geschehen, dass sich die Preise für Grundnahrungsmittel wie Reis, Weizen oder Mais verdoppeln und ganze Völker in den Entwicklungsländern vor dem Nichts stehen. Sollen sie doch verhungern, solange nur die Gewinne stimmen. Egal, was auch immer passieren wird: Das Opfer ist **immer** der Bürger. Ob Banken- oder Staatenrettung, marode Versicherungs- oder andere Pleitekonzerne: Der Gewinner ist der Aktionär und noch erheblich mehr der hochbezahlte Vorstand, der es mit großzügigen Parteispenden geschafft hat, die Entscheidungsträger in das richtige Fahrwasser zu bugsieren.
Wer jetzt nicht die richtigen Gegenmaßnahmen zur Gefahrenabwehr unternimmt, der wird finanziell später nichts mehr zu lachen haben. Gefragt ist Eigeninitiative. Vertrauen und Hoffnung nach dem Motto „Das wird schon irgendwie gutgehen" sind nicht gerechtfertigt. Das ist so, als ob man neben seinem brennenden Haus steht und sich sagt: „Mal abwarten, was passiert? Es kann ja nicht so schlimm werden, oder?" Wenn man sieht, dass es brennt, dann löscht man. Das kann doch selbst für das schlichteste Gemüt nicht so schwer zu verstehen sein, oder? Aber anscheinend ist der deutsche Bürger inzwischen noch schlichter als je zuvor. Der naive Kleingeist wird wie üblich auf der Strecke bleiben.

Hans im Glück Teil 7

Als Hans nach einer angenehmen Nacht im Gasthof nach der Rechnung fragte, stellte er fest, dass seine Papier-Glückstaler nicht mehr ausreichten. Eine kurze Visite bei der Glücksburgbank sorgte für neue Liquidität.

Die Verlockungen des Stadtlebens waren reichhaltig und viele neue Dinge wollten entdeckt werden. Der Neubürger schwelgte in Konsum.
Glücksburg war augenscheinlich nicht das billigste Pflaster. Aber er war ja wohlhabend und das Geld würde bestimmt bis an sein Lebensende reichen.

Er mietete sich in einem hübschen Haus in guter Lage ein und begann auf Anraten seines Vermieters die notwendigen Behördengänge. Er stellte einen Antrag auf Glücksburgbürgerschaft, die ihm schnell gewährt wurde, als er seinen Kontoauszug vorwies.

Erstaunlich war, wie viel die jeweiligen Formblätter, Unterschriften und Stempel an Kleingeld verschlangen. Aber man versprach ihm, dass es sich um einmalige Ausgaben handeln würde. Die Bediensteten waren stets freundlich zu ihm. Anscheinend hatte sich sein guter Status bereits herumgesprochen.

Glücksburg mochte reiche Neubürger. Und der gutsituierte Neubürger mochte Glücksburg. Und die Glücksburgbank.

Fortsetzung folgt...

> „Zynismus entsteht, wenn man Dinge betrachtet, wie sie sind."

Risiko Zinsen

Das Land befindet sich im Würgegriff der Zinsen für die auf Kredit finanzierten Freuden der Vergangenheit. Und der Zinsen auf diese Zinsen. Warum gibt es eigentlich Zinsen? Woher kommen sie?
Vor der Entstehung des Metallgeldes gab es bereits den Naturalzins, der z. B. entstand, wenn vor der Aussaat Getreide geliehen wurde, das dann nach der Ernte mit Aufschlag von 50 und mehr Prozent zurückgezahlt werden musste. Dieser Zins ist offensichtlich die Folge genau des Ertragsausfalls bei dem Getreideverleiher, den dieser bei eigener Aussaat und entsprechender Ernte erzielt hätte.
Aus dem Naturalzins bezieht der Geldzins bis heute seine Legitimation, obwohl der Geldzins aus anderen Wurzeln entspringt. Sein Ursprung lag in den Herstellungs-, Verwahr-, Verwaltungs- und Transportkosten des Münzgeldes.
Das wird deutlich, wenn man sich veranschaulicht, zu welchen Bedingungen ein Landesherr, der über eine eigene Silbermine verfügt, bereit war, einen Kredit

aufzunehmen. Er verglich die Kosten, die ihn die eigene Münzherstellung, d.h. die Silberbeschaffung und Münzprägung kosten würde, mit den Kreditzinsen. Die Zinsen standen, anders als beim Naturalzins, nicht mehr im Verhältnis zum Ertragsausfall, sondern zu den Herstellungskosten des Münzgeldes.

In dem Maße, in dem mit dem Wechsel das Papiergeld der Kaufleute und aus diesem schließlich die Banknote entstand, sank der Zins, da er sich nun nur noch mit den Herstellungskosten des Wechsels in Beziehung setzen musste.

Das Wort Zins steht für den Zinssatz, angegeben in Prozent pro Intervall, z. B. pro Jahr. Der Zinseszins ist die Mitverzinsung desjenigen Zinses, der auf die Schuld aufgeschlagen wird.

Der Nominalzins ist der für einen Kredit vereinbarte oder bezahlte Zinssatz, Realzins ist der Zinssatz nach Abzug der Inflationsrate. Der Realzins kann negativ sein, wenn die Inflationsrate höher ist als der Nominalzins.

Der Geldmarktzins ist der Zinssatz für Bargeldaufnahme auf dem Geldmarkt, besonders im Verkehr von Kreditinstituten untereinander oder zwischen Kreditinstituten und Zentralbank, wo er speziell Leitzins genannt wird.

Der Kapitalmarktzins ist der Zinssatz für langfristige Buchgeldkredite auf dem Kapitalmarkt.

Zinsähnlich im weiteren Sinne des allgemeinen Sprachgebrauches sind auch Renten, Renditen und Wertsteigerungen von Aktien, ein Teil der Erfolgsprovisionen bei Investitionen, und allgemein das Konzept der Kapitaleinkommen. Warum gibt es eigentlich Zinsen? Zinsen gibt es immer dann, wenn jemandem die Möglichkeit gegeben wird, sie zu neh-

men. Es ist die einfachste Form des Geldverdienens. Es gibt immer Geldbedarf. Und derjenige, der diesen Bedarf kontrolliert, hat den Schlüssel zu absolutem Reichtum und alle Macht in der Hand.
Menschen neigen evolutionsbedingt dazu, sich verbessern zu wollen. Waren und Dienstleistungen erhöhen die Lebensqualität. Also entsteht der Wunsch nach mehr. Zugleich entsteht Angst. Wer viel hat, fürchtet um sein Vermögen. Wer wenig hat, strebt nach mehr. Um zu Geld zu kommen, bedarf es einer wichtigen Grundlage. Nämlich Geld.
Das Schöne am Geld ist, dass man es leihen kann. Das nennen wir dann einen Kredit. Dieser Kredit kostet den Kreditnehmer Zinsen. Die Zinsen kosten ihn, wenn er nicht schnell genug tilgt, wieder Zinsen. Das motiviert ungemein, mehr zu leisten, um den Verpflichtungen nachkommen zu können. Diese Erkenntnis ist bahnbrechend und bringt ungeahnte Ergebnisse.

Wie verhielt es sich mit Zinsen über die Jahrhunderte? Seit es Eigentum gibt, wird Zins verlangt und gezahlt. Schon die ersten Hochkulturen trafen daher Regelungen, die Höhe des Zinses zu begrenzen. In Mesopotamien ist der Codex Hammurabi überliefert, der einen maximalen Zinssatz von 20% für Silberkredite und 33 1/3% für Gerstenkredite vorschrieb.
Im Alten Testament wird Juden das Nehmen von Zinsen untereinander verboten, „Fremden" gegenüber hingegen erlaubt.
Aus dem klassischen Griechenland und dem Römischen Reich sind uns Zinssätze von 6% bis 10% überliefert. Auch hier bestanden gesetzliche Regelungen gegen Wucher. Die Zinssätze schwankten je nach Bonität und wirtschaftlicher Lage.

Im Mittelalter bestand kein geregeltes Bankwesen. Verbindlichkeiten entstanden meist aus Notlagen, weshalb das Zinsniveau dementsprechend hoch ausfiel. Ab der Renaissance entwickelte sich wieder ein Bankwesen, beginnend in Norditalien. Gute Schuldner hatten die Möglichkeit, sich ab 4% zu finanzieren. Christen wurde bis in das 18. Jahrhundert durch päpstliche Erlasse das Nehmen von Zinsen generell verboten.

Auch die Höhe der Zinssätze für Staatsanleihen stabiler Staaten im 18. und 19. Jahrhundert lag zwischen 3% und 5%. Mit der Hyperinflation nach dem Ersten Weltkrieg stiegen die Zinssätze in astronomische Höhen. Seitdem schwanken die Zinssätze mit der Konjunktur und der Inflation. Als Hochzinsphase der Nachkriegszeit gelten die 1970er Jahre, während die Zinsen sich derzeit auf niedrigem Niveau befinden

Zur Zeit des Nationalsozialismus wurde unter anderem von Gottfried Feder die sogenannte Brechung der Zinsknechtschaft gefordert. Darunter verstand Feder, dass das deutsche Volk sich in einem kontinuierlichen Abhängigkeits- und Ausbeutungszustand durch fremdgeführte Finanzinstitute befinde, was zu einer fatalen Argumentationshilfe unter anderem für die Initiatoren des Holocaust wurde.

In einigen islamischen Staaten wird die Scharia so ausgelegt, dass jegliches Nehmen von Geldzinsen Wucher entspricht, und damit verboten ist. Das Zinsverbot im Islam regelt ein spezielles islamisches Bankwesen, wobei natürlich auch diese Institute eine Wertschöpfung betreiben, nur eben kaschiert. Die Regelungen waren in der Vergangenheit also durchaus unterschiedlich und Zinsen waren keinesfalls immer opportun.

Aber heutzutage haben wir Zinsen über Zinsen. Zinseszinsen. Und darauf wiederum Zinsen. Das Problem beim Zins besteht darin, dass die ganze Geschichte dadurch immer teurer wird. Jeder Artikel, der in Deutschland in den Handel kommt, ist mittlerweile mit über 40 % Zinsen bepflastert. Tendenz steigend. Um die Absurdität des Ergebnisses von Zinseszinsen einmal vor Auge zu führen, betrachten wir einmal exponentielles Wachstum.

Wir schreiben das Jahr Null. Es herrscht große Freude in Jerusalem. Ein Herr, nennen wir ihn Joseph, freut sich über seinen Nachwuchs. Er eilt zur Volksbank von Judäa und lässt sich beraten, denn er möchte für den Spross seiner Lenden ein wenig Geld anlegen...für später.

Leider ist Herr Joseph nicht wohlhabend und verfügt nur über einen Schekel, den wir ab jetzt umgangssprachlich Cent nennen wollen. Apropos...waren das nicht neulich noch Pfennige? Wie auch immer. Der Mitarbeiter der VvJ bietet Herrn Joseph in Anbetracht der geringen Summe einen jährlichen Zins von 5 % an. Die Parteien werden handelseinig, es wird ein Konto eingerichtet, das Geld eingezahlt und...leider kam der Begünstigte des Kontos später nicht mehr dazu, das Kapital abzuheben.

Die Frage lautet: Wie viel Kapital wäre bis heute entstanden, aus Zins und Zinseszins, wenn es sowohl Bank, als auch Konto und Guthaben noch geben würde? Schätzen Sie großzügig. Nein...noch großzügiger. Viel großzügiger. Bereits nach etwa 1640 Jahren hätte der Gegenwert einer Kugel in Größe unseres Planeten aus purem Gold entsprochen. Und heute wäre es 286 Milliarden Mal unser Heimatplanet aus Gold. Beeindruckend, nicht wahr?

Es kann kein unendliches Wachstum geben. Es ist völlig ausgeschlossen. Und aus diesem Grund ist es nicht die Frage, ob ein System mit Zins und Zinseszins zusammenbrechen wird. Es ist einfach nur die Frage, wann es geschieht. Es ist unvermeidlich.

Es ist letztendlich wie im Kindergarten. Klaus schleppt ein neues Spielzeugauto an. Peter sieht es und einen Tag später verfügt er über die nächstgrößere Variation. Und nach und nach kann man beobachten, wie die ganze Schar lustiger Spielzeugbesitzer übertrumpft, bis das nächste Spielzeug angeschleppt wird. Im Kindergarten mag das ja noch harmlos sein. Aber der Grundstein für den Schrecken ist gelegt. Wenn sich Status über Gegenstände definiert, also käuflich ist, dann kann sich derjenige, der den Mist finanzieren muss, warm anziehen. Es beginnt mit dem Kinderkram, steigert sich über das Handy zum PC, dem Auto, der Einrichtung, dem Eigenheim bis zur völligen Fehlinterpretation der Notwendigkeit bestimmter Staatsausgaben. Alle diese Dinge kosten Geld, werden finanziert und enthalten Zinslasten in einer Höhe, die der Konsument nicht wirklich nachvollziehen kann. Jeder in Deutschland erhältliche Artikel von den Käsescheibchen bis zum Privatjet hat mittlerweile einen Anteil von fast 50% Schuldzinsen. Für was eigentlich? Richtig…für den Verleiher des Geldes, den wir gern auch Wucherer nennen können. Für nichts. Die selbstgewählte Blindheit vor den Fakten führt dazu, dass man irgendwann vor einem Scherbenhaufen steht; erworben für teuer Geld um den Preis der eigenen Existenz. Zins sei Dank.

Hans im Glück Teil 8

Hans hatte sich mittlerweile gut eingelebt. Das Leben verlief ruhig und beschaulich. Es läutete an der Tür, und ein Mann mit einem blauen Anzug mit einem goldenen Horn darauf, einer schwarzen Tasche sowie einer Schirmmütze drückte ihm viele Briefe in die Hand. Hans nahm sie überrascht entgegen, schloss die Tür, setze sich in einen Sessel und begann mit der Lektüre. Doch was war das? Es waren ausschließlich Briefe von der Stadt Glücksburg. Ein Einkommensteuerbescheid. Die Aufforderung, sich in der KK-Glücksburg zu krankenversichern. Dazu eine Pflichtversicherung in der GRV, der Glücksburg Rentenversicherung. Hans verfügte sich zum Rathaus, um seinem Unmut Luft zu machen. Dort hingegen erfuhr er, dass alles nur zu seinem Vorteil sei. Steuern seien völlig normal und darüber würde nicht verhandelt. Schließlich müsste die Stadt gepflegt werden, die Bediensteten ihr Geld erhalten und außerdem seien sowohl eine Rentenversicherung als auch eine Krankenversicherung nur ein reiner Schutz für ihn. Niemand wollte ihn durch einen Unglücksfall plötzlich verarmt wissen. Hans verließ das Rathaus mit einigen Sorgenfalten und erwachenden Zweifeln. Er ging schnellen Schrittes zur Glücksburgbank und überwies die geforderten Beträge an die hohe Obrigkeit. Es ergab sich ein spontanes Gespräch mit seinem „Berater" und Hans verließ den Geldtempel als Eigentümer einiger zusätzlicher privater Lebens- und Rentenversicherungen gegen Soforteinlage, die ihm monatliche Bezüge in ausreichender Höhe gewährleisten sollten.

Fortsetzung folgt...

> „Was wir brauchen, das sind ein paar verrückte Leute; seht euch an, wohin uns die Normalen gebracht haben."

Risiko Währungen

Der Dollar zerfällt praktisch vor unseren Augen und hat in 10 Jahren rund 75% seiner Kaufkraft verloren.
Das Land der unbegrenzten Möglichkeiten ist mit 64 Billionen $ Schulden - inklusive der Schulden der Sozialkassen, Unternehmen und Privatleute - ein Land der unbegrenzten Miesen.
Diese Schulden sind auf 430 % der Wirtschaftskraft der USA geklettert. Unaufhörlich kommen weitere Defiziterhöhungen hinzu.

Wir erleben gerade den dritten Weltkrieg...und der wird aktuell Undercover und (noch) ohne militärische Mittel geführt.
Die Hauptkriegsparteien sind die USA und China; die Waffe heißt Dollar. Zu den Opfern gehören die EU und Russland.
Die USA-Banken produzieren Unmengen von Kunst-Geld, um weiterhin Wohlstand auf Pump zu schaffen

bzw. zu erhalten. Die Chinesen hingegen gehen mit Eigenkapital auf internationale Einkaufstour.

Ein unvorstellbar hoher Geldberg von geschätzten 3 Billionen Dollar liegt in Pekings Schatzkammern. China hat die Macht, die USA quasi per Knopfdruck auszuschalten, indem das Reich der Mitte dieses Geld auf den Markt bringt.
Sollte der Markt mit dieser Geldmenge geflutet werden, wäre der Dollar de facto gestorben.

Warum ist das bisher nicht passiert?
China hat (noch) kein unmittelbares Interesse daran, die Weltwirtschaft zum Erliegen zu bringen.
China sitzt auf 3 Billionen einer Währung, die niemand wirklich haben will. Keine Bank oder Versicherungsgesellschaft, kein Fonds und kein Konzern hat Interesse an Unsummen des letztendlich völlig wertlosen Buchgeldes.
Diese Unternehmen interessieren sich ausschließlich für Sachwerte.
Das Reich der Mitte wird einen Weg finden, diesen „Unrat" gewinnträchtig zu entsorgen und eine neue Leitwährung zu schaffen. Das „AUS" sowohl für den Dollar als auch in Folge für den EURO ist längst beschlossen und besiegelt...es ist nur noch eine Frage der Zeit.

Uncle Sam überzieht gerade den Planeten mit militärischen Maßnahmen und rettet überall dort die Menschrechte, wo noch Rohstoffe vorhanden sind. Öl aus Libyen, Syrien und dem Irak, Diamanten aus Sierra Leone, Opium und Kupfer aus Afghanistan, die Agrarflächen der Ukraine…die desolaten Finanzverhältnisse der USA lassen anscheinend nur noch brutale Verhältnisse zu, seit niemand mehr den Dollar als Tauschmittel für werthaltige Dinge akzeptiert. Nur zum Verständnis: Der sogenannte Petrodollar, mit dem Uncle Sam auf Öl-Einkaufstour geht, ist reines Buchgeld ohne jeglichen Gegenwert. Leider weigerten sich verschiedene arabische und nordafrikanische Staaten, weiterhin werthaltige Rohstoffe wie Öl gegen völlig wertlose Schuldverschreibungen namens Dollar zu verkaufen. Der Plan, Öl nur noch gegen eine neue Währung, den Gold-Denar, zu verkaufen, war das Todesurteil für den Irak, Libyen und Syrien.

Noch einmal zur Erinnerung: Der Euro ist zu wesentlichen Anteilen dollargestützt und die derzeitig stattfindende Destabilisierung Europas wird zwangsläufig die Zerstörung dieser Währung mit sich bringen. Also hat die Sicherheit des zu schaffenden Wohlstands des geneigten Lesers dieses Buches höchste Priorität. Man kann sich völlig gerechtfertigt die Frage stellen, warum die EU-Politiker den USA so dermaßen hörig sind, dass sie die Pleite ihrer eigenen Staaten so dermaßen forcieren. Anscheinend entsteht hier gerade die neue Kronkolonie von Uncle Sam auf Kosten der EU-Bevölkerung.
Wie auch immer: Wir werden dieses Schreckensszenario wahrscheinlich nicht mehr abwenden können. Aber es steht völlig außer Frage, dass erworbenes Kapital NICHT in Währungen gehört. Geld hat eben keinen substanziellen Wert.

Ach ja: Ich möchte später nicht in irgendeiner Kritik lesen müssen, dass ich nicht mehrfach und hartnäckig darauf hingewiesen hätte.

Hans im Glück Teil 9

Die Anzahl von Briefen erhöhte sich. Hans mochte keine Post mehr. Der Inhalt schlug ihm jedes Mal auf den Magen. Aus irgendeinem Grund wuchsen die Steuern und Abgaben. Zudem wurden sie monatlich wiederkehrend verlangt. Die Auszüge seines Glücksburgbankkontos wiesen auf Schwindsucht seines Guthabens hin. Und das trotz der Zinsen, die ihm von der Bank gutgeschrieben wurden.
Und aus irgendeinem Grund stiegen die Kosten für Lebensmittel, Miete und anderes.
Nicht hingegen stiegen die Erträge seiner Rentenversicherung und seiner Sparkonten, die er bei der Bank getätigt hatte. Im Gegenteil...sie sanken kontinuierlich.
Der Wirtschaftsteil der mittlerweile abonnierten Glücksburggazette verriet ihm zwar, dass alles teurer wurde, aber nicht weshalb. Auch schien Glücksstadt einen gewissen Geldmangel im Haushalt zu beklagen. Es war von drohenden weiteren Steuererhöhungen zu lesen. Hans erfuhr, dass Wahlen anstanden. Bürgermeister Hinz wies daraufhin, dass in Glücksburg alles zum Besten bestellt sei, man die Neuverschuldung im Griff hätte, die Wirtschaft nach einer kleinen Flaute sich wieder erholt hätte und alles gut wäre. Gegenkandidat Kunz bestritt das energisch, wies aber darauf hin, den Weg zu kennen, der aus der Krise führen würde.
Wie auch immer. Die Kosten stiegen und stiegen. Und Hans Konten und Erträge schwanden dahin wie ein Schneemann in der Sonne.

Fortsetzung folgt...

> „Eine Welt ohne Schulden und mit Wohlstand fürs Volk ist der schlimmste Schrecken für die Banken und Versicherungen."

Die Derivatzeitbombe tickt

Gemessen am Schrecken, den die Finanzmärkte bisher erlebten, existiert eine Bedrohung, die alles bisher Erlebte in den Schatten stellt
Die Bedrohung durch kollabierende Derivate ist kein deutsches Phänomen, könnte jedoch Auswirkungen haben, die einen potentiellen Staatsbankrott von außen einleiten würde. Die Finanzen des deutschen Staates sind durch die bereits geleisteten Hilfsaktionen für die angeschlagenen Banken so weit strapaziert, dass es weitere Rettungsmaßnahmen nicht geben kann, da sie nicht finanzierbar wären. Deutsche Banken und Versicherungsunternehmen haben zum Teil erhebliche Summen in Derivate investiert. Welches Risiko besteht für die Unternehmen und in Folge für Staat und Steuerzahler?

Es ist die Quadratur des Kreises des Schreckens; die Kernschmelze des Finanzsystems.

Durch die letzte weltweite Finanzkrise wurden etwa 60 Billionen US-Dollar vernichtet; dies ist mehr als das Weltbruttosozialprodukt eines Jahres. Machen wir uns nichts vor: Nach der Krise ist vor der Krise. Krisen sind Kunstprodukte. Jede Krise bringt den Initiatoren Profite in gigantischer Höhe und hilft bei der Eroberung des noch freien Vermögens unseres kleinen Planeten. Was die Initiatoren betrifft, so sind es immer die üblichen Verdächtigen: Goldman-Sachs, Rockefeller, Rothschild und Morgan Stanlay stehen stets in vorderster Reihe. Kurzum: Die Wallstreet gewinnt **immer**. Und wie immer muss es, wenn es einen Gewinner gibt, auch einen bzw. viele Verlierer geben. Zu welcher der beiden Gruppen zählen **Sie** sich?

Anbei einige interessante Daten zur amerikanischen Volkswirtschaft, die hellhörig machen sollten:
Auf jeden US-Dollar Wachstum, der in den USA erzeugt wird, kommen heute 4 USD neue Schulden, gegenfinanziert durch ein gigantisches Schneeballsystem, dass alles bisher da gewesene in der Weltgeschichte in den Schatten stellt.

Wenn diese Finanzbombe platzt, dann wird nichts mehr so sein wie zuvor. Keine Intervention einer Weltmacht oder Konjunkturprogramm einer Regierung könnte den Zusammenbruch dieses Kartenhauses stoppen. Gegen dieses Crash-Szenario wirkt der Aktiencrash von 2008 geradezu wie eine Mini-Korrektur. Diese Blase hat das Potential, nicht nur die USA, sondern die gesamte Welt in eine Depression ungeahnten Ausmaßes zu stürzen.

Was genau sind Derivate eigentlich?

Derivate Finanzinstrumente sind Verträge, die einem das Recht geben, ein Gut (Basiswert) zu einem Preis (Basispreis) zu kaufen oder zu verkaufen. Ursprünglich dienten sie als Versicherungen zum Beispiel von Aktien gegen Kursschwankungen.
Derivate sind im Prinzip also nichts anderes als Wetten, erfunden von Banken und gespielt im großen, internationalen Spielcasino. Man wettet auf steigende oder sinkende Kurse der unterschiedlichsten Dinge wie zum Beispiel Währungen oder Waren. Seit Banken erkannten, dass sich Derivate völlig losgelöst vom reinen Absicherungsgedanken zur Gewinnvervielfachung eigneten, begann ein völlig irrationales Zockerverhalten. Das riesige Casino läuft und läuft und läuft. Bis es irgendwann zahlungsunfähig wird. Wenn das Derivatecasino kollabiert, dann werden diese Jetons oder Lose wertlos sein und verfallen.

Derivate sind reine Kunstprodukte ohne substanziellen Wert. Es gibt keine Absicherung durch wie auch immer geartete Sachwerte, sondern nur durch Absichtserklärungen. Diese Luftbuchungen ohne realen Wert sind so gigantisch, dass einem vor diesem Kollaps langfristig nur noch Edelmetalle schützen können, wobei nicht sicher ist, ob bei einer derart gigantischen Schieflage deren Besitz nicht ultimativ verboten, das Material beschlagnahmt und im Schnellverfahren eine Weltwährung eingeführt würde.
Mittlerweile gibt es nicht nur Derivate. Nein, es gibt sogar Derivate auf Derivate. Und auf die wieder Derivate. Die sich daraus ergebende Hebelwirkung ist so groß, dass der derivative Markt ein geschätztes Volu-

men von 1.000 Billionen Euro ausmacht. Ein 25-faches des weltweiten Bruttosozialproduktes also. Mit einer Absicherung von nicht viel mehr als Nichts.

Warren Buffet bezeichnete Derivate als finanzielle Massenvernichtungswaffen!

Allein der in den letzten zehn Jahren zu riesigen Dimensionen angewachsene Markt von hochriskanten Kreditausfallderivaten hat trotz der Krise immer noch ein geschätztes Volumen von etwa 30 Billionen Euro. Mit diesen Papieren kann man sich rein theoretisch für den Fall versichern, dass eine Firma zahlungsunfähig wird und ihre Schulden nicht mehr bedienen kann. In der Praxis versagt dieses System jedoch, wenn immer mehr Banken Pleite gehen. Und wer versichert die Rückversicherer der Versicherungen?

Die Situation scheint hier außer Kontrolle zu laufen. So betonte Myron Scholes, der „Vater" der Finanzderivate, der 1997 einen Wirtschaftsnobelpreis für seine Erfindung des Optionen-Modells erhielt, dass der Handel mit Derivaten und Ausfallderivaten so gefährlich außer Kontrolle geraten sei, dass die zuständigen Behörden diesen Markt „auffliegen" lassen müssten. Er forderte, den gesamten Handel mit außerbörslichen Derivaten komplett einzustellen.
Die angespannte Lage an den Derivatemärkten gleicht scheinbar der Situation vor dem großen Crash in New York zwischen dem 14. und 19. Oktober 1987. In dieser Zeit crashte der amerikanische Aktienmarkt um mehr als 30 %. Am 19. Oktober, der als „Schwarzer Montag" in die Finanzmarktgeschichte einging, verzeichnete der Dow Jones eines Tagesverlust von 22.6

Prozent. Damals war dies der größte Tagesverlust, den die US-Börsen je verzeichnet hatten. Der Hauptgrund für den damaligen Kollaps war, dass die Aktien- und die Derivatemärkte nicht mehr synchron zueinander verliefen.

Doch während 1987 etwa 1 Billion USD vernichtet wurden, könnte es heute die 1.000-fache Summe sein. Alle US-Banken zusammen halten von den 1.000 Billionen an weltweiten Derivaten schätzungsweise etwa 250 Billionen. Davon hält allein JP Morgan Chase etwa 100 Billionen. Nach der Sub Prime-Krise und der aktuellen Kreditkartenkrise kommt durch die Massenarbeitslosigkeit jetzt eine Prime-Kreditkrise mit weiteren 4.5 Billionen USD und eine Krise der kommerziellen Immobilien mit einem Volumen von 3.5 Billionen USD auf die USA zu.
Besichert wurden diese gigantischen Schuldenberge mit Papieren, die den Anlegern in Bälde um die Ohren fliegen werden, nämlich Derivaten. Bedenkt man, dass wahrscheinlich mehr als die Hälfte des weltweiten Derivatevolumens außerbilanziell bei den großen amerikanischen Geschäftsbanken als Zeitbombe schlummert, so ist der Tag des finanziellen Armageddon nicht mehr weit.
Das Derivatevolumen allein von JPM übersteigt das Bruttosozialprodukt der USA von etwa 14 Billionen USD in etwa um den Faktor 6.5 und das Weltbruttosozialprodukt in etwa um den Faktor 2.0. Bedenkt man, dass die bisherige weltweite Finanzkrise nur etwa 8,0 % der Summe vernichtet hat, die das weltweite Volumen an Derivaten ausmacht, so kann man sich in etwa vorstellen, dass bei einem weltweiten Ausfall der Derivate von 15 % (ca. 150 Billionen

USD) nochmals die doppelte Summe an Geld vernichtet würde, die die bisherige Finanzkrise gekostet hat, wenn man von bisherigen Vermögensverlusten von etwa 60 Billionen USD ausgeht.

Jetzt wird auch klar, warum der stark in Derivaten positionierte Versicherungskonzern AIG, der allein im Jahr 2008 Verluste von 100 Milliarden USD bei insgesamt 180 Milliarden USD Schulden angehäuft hatte, unbedingt am Leben erhalten werden musste.

Mit seinem Untergang wären Großbanken wie JPM und Goldman Sachs von der Finanz-Bildfläche verschwunden. Das Ende der Fahnenstange ist also noch nicht erreicht. Die Größenordnung des weltweiten Derivatevolumens ist so groß, dass es das gesamte Dollar-Imperium in absehbarer Zeit im Rahmen von deflationären Entschuldungs- und hyperinflationären Geldentwertungswellen in den Abgrund wird.

Beenden wir das traurige Thema mit einer Anekdote:

Paul und sein Gaul.

Paul möchte Pferdezüchter werden und damit viel Geld verdienen. Für das kleine Startup-Unternehmen kauft er beim Züchter einen Zuchthengst.
Er bezahlt den Züchter mit 10.000 Euro, seinem gesamten Vermögen und der verspricht ihm, das Pferd am nächsten Tag zu liefern.
Am nächsten Tag erscheint der Züchter leider ohne Pferd.
„Sorry, Junge…aber das Pferd ist über Nacht tot umgefallen."

"Kein Problem", sagt Paul. "Gib mir einfach mein Geld zurück und alles ist gut."
"Geht nicht", sagt der Farmer. "Die Futtermittelrechnung sowie ein paar andere Rechnungen waren fällig und ich habe leider alles ausgeben müssen."
Paul denkt nach. "Na gut...ich nehme das tote Pferd trotzdem. Dann musst Du nicht auch noch den Abdecker bezahlen und sparst Geld...einverstanden? Aber meine 10.000 Euro möchte ich irgendwann demnächst wieder haben...o.k.?"
"Wozu willst Du es denn haben?" wundert sich der Züchter.
"Oh...ich werde es verlosen!" antwortet Paul.
"Du willst ein totes Pferd verlosen?" staunt der Züchter.
Doch Paul erwidert: "Kein Problem. Ich erzähle einfach niemandem, dass der Gaul nicht mehr lebt."
Monate später begegnen sich die beiden wieder. Paul mit Porsche, neuem Anzug, goldener Uhr und sehr guter Laune.
Der Züchter fragt: "He Paul. Wie lief denn die Verlosung?"
"Einfach genial", antwortet Paul. "Ich habe 1000 Lose zu jeweils 100 Euro verkauft und so einen wirklich satten Gewinn eingefahren."
"Aber...gab es denn keine Reklamationen oder Ärger?"
"Doch...sicher. Der Gewinner hat gewaltig gezetert. Aber dem habe ich einfach seinen Hunderter wieder gegeben und dann war Ruhe."

Heute konzipiert Paul strukturierte Finanzprodukte für sein eigenes Investmentunternehmen.

Hans im Glück Teil 10

Hans folgte einer Eingebung und vereinbarte einen Termin mit Herrn Redlich. Dieser empfing ihn gut gelaunt und jovial. Die Geschäfte der Bank schienen entgegen der restlichen Wirtschaft hervorragend zu laufen. Hans redete offen über seine Sorgen bezüglich seines schwindenden Wohlstands.
„Aber...das ist doch kein Problem, lieber junger Freund. Ich habe da was für Euch."

Hans erfuhr, dass er einen bedeutenden Kreditrahmen bei der Glücksburgbank sein Eigen nennen durfte. Also gab es kein Problem mit der Verfügbarkeit von Geld. Und auch keine Eile mit der Rückführung der Mittel. Denn schließlich diente ja sein Guthaben als Sicherheit.
„Apropos, lieber junger Freund. Ich weiß da etwas, dass Euch kräftig Geld in die Kasse spülen wird. Kennt Ihr schon Derivate, Optionsscheine und Zertifikate?"

Nach inzwischen schon bekanntem Verfahrenswege drückte Herr Redlich seinem Kunden einige Formulare zur Unterschrift in die Hand. Man könne ihm vertrauen; er würde die lästigen Ausfüllarbeiten später vornehmen. Und im Fall der Fälle gäbe es ja noch das Widerrufsrecht.

Und so verließ Hans die Glücksburgbank als frischer Besitzer von Dingen, die er nicht verstanden hatte; an ihn verkauft durch das Institut seines Vertrauens.

Fortsetzung folgt...

> „Die meisten Menschen investieren mehr Zeit und Kraft um Probleme herumzureden, anstatt sie anzupacken."

Die erste Million…und das Schaffen der Voraussetzungen

So langsam nähern wir uns dem Moment, wo der Frosch in den Teich hüpft.
Die Voraussetzungen sind einfach und nachvollziehbar. Es beginnt alles mit der richtigen Einstellung und dem unbedingten Willen, das Ziel erreichen zu wollen. Sollte der absolute Wille zum Erfolg NICHT vorhanden sein, helfen nur noch der Lottoschein mit den richtigen Zahlen, das Spielcasino oder das spontane Ableben der reichen Erbtante. Da die Chancen auf den Jackpot im Lotto bei etwa 1 zu 14 Millionen liegen und die Chance, vom Blitz getroffen zu werden, 7 mal höher ist, wird es wohl oder übel beim Einkommen landen. Statistisch betrachtet ist ein Mensch (Single) mit einem Einkommen von unter 2.500 Euro netto als arm zu bezeichnen. Miete, Kosten für Lebensunterhalt, KFZ, Versicherungen, Altersvorsorge, ein Hobby, Urlaub und andere Posten fressen das Einkommen wie die Sonne den Schnee schmelzen lässt. Sie kommen also nicht umhin, Ihr

Einkommen zu erhöhen, um das nötige Taschengeld für das Projekt Million Ihr Eigen nennen zu dürfen.

Sollten Sie oberhalb der erwähnten Grenze liegen, gibt es keinen Grund, diese Grenze nicht nach oben zu verschieben. Umso schneller erreichen Sie das Klassenziel.

Wie auch immer: Es beginnt mit Nachdenken, der richtigen Strategie, dem unbedingten Willen zum Erfolg und einer Erkenntnis.

Die Erkenntnis in unserem Falle bedeutet: Alles hat seinen Preis. Wenn Sie den Preis nicht zahlen wollen, werden sie auch nicht in den Genuss der Früchte kommen. Sie werden nur erfolgreich sein, wenn Sie produktiver und besser als der „Normalbürger" sind. Eben dieser Normalbürger lebt Ihnen vor, wie es NICHT geht. Orientieren Sie sich bitte an Menschen, die nachweislich erfolgreich sind. Die anderen werden ihnen permanent Gründe spendieren, warum es nicht gelingen kann oder wird. Erstaunlicherweise mutieren die Erfolglosen zu Experten, wenn es um Erfolg geht. Lassen sie es nicht zu, dass Ihnen jemand im Wege steht, die Zeit stiehlt oder Ihnen die Laune vermiest. Lassen Sie sich nicht beirren: Erfolg ist planbar. Und selbst temporäre Misserfolge sind nur kleine Puzzle-Teilchen auf dem Wege zur Erlangung des Zieles.

Diese Litanei wird Ihnen später noch einmal über den Weg laufen. Akzeptieren Sie es bitte. Es ist nötig. Schließlich wollen Sie doch etwas erreichen. Und da sind gelegentliche kleine Memos nicht zu unterschätzen. Also pflegen Sie bitte Ihren inneren Geduldsfaden und erhalten Sie sich noch etwas Neugier. Unser Freund Hans sammelt nämlich gerade Erfahrungen…nur für **Sie**!

Hans im Glück Teil 11

Der Tag begann mit Sonnenschein, Vogelgezwitscher und dem Besuch durch den Postboten. Die Glücksburgbank teilte Hans mit, dass die Guthabenzinsen auf seinem Konto durch die suboptimale Wirtschaftslage leider wieder ein wenig gesunken seien.

Die gute Laune war dahin. Ein eilig anberaumter Termin mit Herrn Redlich war informativ und hilfreich. Eigentlich war alles ganz einfach. Hans war mit seinem normalen Konto suboptimal investiert. Es machte nicht genug Ertrag.

Die jüngst erworbenen Zertifikate, Optionsscheine und Derivate seien eine gute Entscheidung gewesen, und so würde es Sinn machen, die dort gemachten Gewinne zu reinvestieren und das Engagement zu erhöhen.

Herr Redlich hatte einen höchst lukrativen Vorschlag. Warum nicht Fremdkapital von der Bank als Kredit aufnehmen und damit in weitere lukrative Finanz-Produkte einsteigen?

Hebelgeschäfte, Zinsdifferenzgeschäfte, Neuemissionen und zur Abrundung ein paar Beteiligungen. Es wäre todsicher und höchst profitabel. Und alles würde gut, Schließlich kenne man sich aus mit Geld. Hätte man sonst so viel davon?

Fortsetzung folgt...

> **„Der Erfolg hat drei Väter: Strategie, Tatkraft und Willen!"**
>
>

Die Analyse der derzeitigen Situation

Eine Weisheit der Dakota Indianer besagt:

"Wenn du merkst, dass du ein totes Pferd reitest, steige ab".

In Deutschland handeln wir anders:

Wir besorgen uns eine stärkere Peitsche.
Wir wechseln den Reiter.
Wir sagen, dass wir das Pferd doch immer so geritten haben.
Wir gründen einen Arbeitskreis, um das Pferd zu analysieren.
Wir besuchen andere Orte, um zu sehen, wie man tote Pferde reitet.
Wir erhöhen die Qualitätsstandards für den Beritt toter Pferde.

Wir engagieren Spezialisten, um das Pferd wiederzubeleben.
Wir kaufen Leute ein, die angeblich tote Pferde reiten können.
Wir investieren in Trainingseinheiten, um besser reiten zu lernen.
Wir stellen Vergleiche unterschiedlicher toter Pferde an.
Wir definieren das Pferd als lebendig.
Wir bilden ein Gespann toter Pferde, damit wir schneller werden.
Wir erklären, dass unser Pferd schneller und billiger tot ist als andere.
Wir richten eine unabhängige Kostenstelle für tote Pferde ein.
Wir vergrößern den Verantwortungsbereich des toten Pferdes.
Wir entwickeln ein Motivations-Programm für tote Pferde.
Wir strukturieren das tote Pferd in einen anderen Bereich um.

Zur persönlichen Strategie auf dem Wege zum Erfolg gehört die Analyse der persönlichen Situation. Und danach muss die Handlung folgen.

Schnappen Sie sich Papier und Stift und schreiten Sie zur Tat.

Wie ist Ihre derzeitige private Situation?
Haben Sie einen Arbeitsplatz? Wie ist Ihr Bildungsstatus? Wie ist Ihre persönliche Einnahmen/Ausgabensituation? Bestehen Kredite? Wenn ja…für was?

Konsumenten-Kredite sind der absolute Killer für Ihre finanzielle Situation. Entschulden Sie sich schnellstmöglich. Schuldzinsen sind teuer und müssen aus der Welt geschafft werden.

Haben Sie den unbedingten Willen zum Erfolg?
Wie sieht es mit Ihren Freunden aus? Würden Sie durch Ihr Umfeld unterstützt werden?

Wie groß ist Ihr persönliches Netzwerk?
Gibt es Ratgeber, die Sie mit ins Boot nehmen würden? Welche Fähigkeiten, Kompetenzen und Referenzen hätten diese? Wie und mit wem können Sie Ihr Netzwerk verstärken?

Wie ist Ihre aktuelle berufliche Situation? Wie hoch sind Ihr Einkommen und der Arbeitsaufwand, um es zu erzielen?
Sind Sie angestellt oder selbständig? Haben Sie einen Nebenjob? Oder streben Sie eine nebenberufliche Selbständigkeit an? Alles, was Ihre Einkommenssituation verbessert, ist Ihr Freund.

Welche Möglichkeiten zur Verbesserung Ihrer Position im Unternehmen gibt es? Gibt es Karrierechancen? Die Chance auf eine besser dotierte Führungsposition? Welche Voraussetzungen sind dafür zu erbringen?
Sind Sie bereit, sich von toten Pferden zu trennen?
Und wieder einmal die Frage: Sind Sie bereit, den Preis zu bezahlen, den der Erfolg kostet?

Hans im Glück Teil 12

Ein Kassensturz im Hause Hans ergab Irritationen.

Hans kam zu dem Entschluss, dass es nicht sinnvoll wäre, weiterhin sein sauer erarbeitetes Kapital abschmelzen zu lassen. Er dachte ernsthaft daran, sich um Arbeit zu bemühen. Doch dann verwarf er den Gedanken wieder. Letztendlich war er jung, gesund, und nach eigener Betrachtung noch immer wohlhabend. Aber die gesamte Entwicklung missfiel ihm.

Ein erneutes Beratungsgespräch bei Herrn Redlich eröffnete ihm die Möglichkeit, noch mehr Kredit für eine lukrative Investition in eine Kapitalanlage der Glücksburgbank auf Fondsbasis zu bekommen.

Hans verstand zwar nicht im Geringsten, worum es sich handelte, aber eine unabhängige Agentur hatte dafür viele, viele Sternchen vergeben.
Außerdem seien die Kurse im Keller.
Und das wäre eine eindeutige Kaufempfehlung, wie Herr Redlich betonte. Zudem wären die neu erworbenen Papiere eine weitere Sicherheit für Hans Depot und zukünftige weitere Kredite. Die Glücksburgbank half gern. Schließlich war die Glücksburgbank keinesfalls arm. Man kannte sich aus mit Geld. Hätte man sonst so viel davon?

Fortsetzung folgt...

> # „Don't sing it...bring it!"
>
>

Wie viel Arbeit ist Ihnen der Erfolg wert?

Machen wir uns nichts vor…es wird kaum Geschenke geben. Selbst einen Lottoschein muss man ausfüllen, bezahlen und abgeben.

Für alle Maßnahmen, die getroffen werden müssen, wird ein ausreichendes Einkommen benötigt.

Der Einsatz dafür ist am Anfang eher übersichtlich. Beginnen Sie mit zusätzlichen 60 Minuten am Tag. Ist das für Sie vorstellbar?
Wenn nicht, dann ist es wieder an der Zeit, dieses Buch zu schließen.

Wenn ja, dann lesen Sie bitte weiter.

Sie sind arbeitslos oder befinden Sie sich in einem Arbeitsverhältnis?

Wenn Sie arbeitslos sein sollten, dann lassen Sie den Bewerbungs-Tsunami anrollen.
Schreiben Sie Bewerbungen, bis der PC raucht. Lassen Sie sich coachen, um die optimale Bewerbung zu gestalten. Schließlich wollen Sie den Erfolg. Belassen Sie es nicht bei der schriftlichen Bewerbung. Rufen Sie an. Fragen Sie nach. Suchen Sie das Unternehmen Ihrer Wahl persönlich auf. Initiative zählt.

Vermitteln Sie anderen, warum Sie eine Bereicherung sind. Es ist ein Verkaufsgespräch und Ihr Dienstleistungsangebot, Ihre Arbeitskraft ist Ihre Ware. Demonstrieren Sie, dass Sie gut und eine Bereicherung für das Unternehmen sind. Denn wenn Sie Ihre Arbeitskraft schlecht und unter Wert verkaufen, wird niemand kommen und den Kurs erhöhen.

Ob arbeitslos oder beschäftigt:

Fortbildungsmaßnahmen sind hilfreich. Besuchen Sie Seminare und verbessern Sie Ihren „Marktwert" durch Wissen und Kompetenz in Ihren Fachgebieten.

Bildung ist generell von Vorteil. Nutzen Sie das Angebot der größten Bibliothek des Planeten…des Internets. Ersparen Sie sich die obligatorischen Ablenkungsseiten mit Spielen, Fußball oder anderen optischen Stimulanzien. Ab heute zählen Erfolg, Kompetenz und Wissen.

Jede Minute, die sie mehr investieren als der Normalmensch oder Ihr Wettbewerber um Job, Position und Karriere, bringt Sie unausweichlich nach vorn.

Bewerben Sie sich intern auf höhere Positionen und machen Sie sich für das Unternehmen, für das Sie arbeiten unentbehrlich. Sorgen Sie dafür, dass Ihr Engagement auch bemerkt wird.

Machen Sie Verbesserungsvorschläge. Bringen Sie sich ein.

Gehen Sie auf Ideenjagd. Nur, weil ein anderer irgendwo eine gute Idee hatte, heißt das nicht, dass Sie nicht ebenfalls damit arbeiten können.

Lernen Sie Menschen kennen und vergrößern Sie Ihr Netzwerk. Viele Menschen helfen Ihnen gern weiter. Seien auch Sie hilfreich. Jede Gefälligkeit, die Sie anderen erweisen, kommt positiv zu Ihnen zurück.
Merke: Kein Investment ist so wertvoll wie ein Freund!

Soziales Engagement ist wichtig und macht zudem beliebt. Setzen Sie sich für andere ein. Ob Mensch oder Umwelt und Natur…Hilfe wird überall benötigt.

Machen Sie sich Gedanken über eine nebenberufliche Selbständigkeit in einem Bereich, mit dem Sie harmonieren, wobei es egal ist, ob es sich um Handel, Handwerk, Dienstleistungen oder Vertrieb handelt. Ihr Projekt muss mit Ihnen harmonieren.
Die Erkenntnis zeigt allerdings: „Und ist der Handel noch so klein, so bringt er mehr als Arbeit ein."

Vertrieb ist erfahrungsgemäß ein guter Motor für das Einkommen.

Sollten Sie einen Vertriebsweg auswählen, dann nur mit Artikeln die sie verstehen und verantworten können. (Bitte verkaufen Sie keine Lebensversicherungen…versprochen?)

Wenn Sie nicht in die Selbständigkeit hineinwollen, dann bleibt ja noch die innerbetriebliche Karriere. Also zügig die Karriereleiter hinauf ins Management.

Es ist gut, im Management zu sein.

Vor einiger Zeit verabredete eine deutsche Firma ein jährliches Wettrudern gegen eine japanische Firma, das mit einem Achter auf dem Rhein ausgetragen wurde.

Beide Mannschaften trainierten lange und hart, um ihre höchsten Leistungen zu erreichen.

Als der große Tag kam, waren beide Mannschaften topfit, doch die Japaner gewannen das Rennen mit einem Vorsprung von einem Kilometer. Nach dieser Niederlage war das deutsche Team sehr betroffen, und die Moral war auf dem Tiefpunkt.

Das obere Management entschied, dass der Grund für diese vernichtende Niederlage unbedingt herausgefunden werden müsse. Ein Projektteam wurde eingesetzt, um das Problem zu untersuchen und um geeignete Abhilfemaßnahmen zu empfehlen.

Nach langen Untersuchungen fand man heraus, dass bei den Japanern sieben Leute ruderten und ein Mann steuerte, während im deutschen Team ein Mann ruderte und sieben steuerten.

Das obere Management engagierte sofort eine Beraterfirma, die eine Studie über die Struktur des deutschen Teams anfertigen sollte. Nach einigen Monaten und beträchtlichen Kosten kamen die Berater zu dem Schluss, dass zu viele Leute steuerten und zu wenige ruderten.

Um einer weiteren Niederlage gegen die Japaner vorzubeugen, wurde die Teamstruktur geändert. Es gab jetzt vier Steuerleute, zwei Obersteuerleute, einen Steuerdirektor und einen Ruderer. Außerdem wurde für den Ruderer ein Leistungsbewertungssystem eingeführt, um ihm mehr Ansporn zu geben. "Wir müssen seinen Aufgabenbereich erweitern und ihm mehr Verantwortung geben."

Im nächsten Jahr gewannen die Japaner mit einem Vorsprung von zwei Kilometern. Das Management entließ den Ruderer wegen schlechter Leistungen, verkaufte die Ruder und stoppte alle Investitionen in ein neues Boot. Der Beratungsfirma wurde ein Lob ausgesprochen, und das eingesparte Geld wurde dem oberen Management ausbezahlt.

Hans im Glück Teil 13

Hans öffnete die obligatorische Morgenpost. Die Wahlergebnisse der freien Stadt Glücksburg lagen vor. Ab morgen würden Hinz und Kunz wegen Stimmgleichheit gemeinsam regieren. Eine große Koalition. Und...alles würde gut werden. Beide Regierenden waren sich da einig und hofften auf eine gemeinsame, glückliche Zukunft.
Der finanzielle Engpass, der Glücksburg vorübergehend ereilt hatte, war auch zu den Akten gelegt. Die Glücksburgbank hatte großzügige Kredite eingeräumt und sich als Sicherheit die letzten Goldreserven der Stadt abtreten lassen.
Die Post brachte frohe Kunde von Herrn Redlich und der Glücksburgbank. Die gekauften Papiere entwickelten sich prächtig. Es wurde ihm nahegelegt, sein gewachsenes Kreditvolumen auszuschöpfen und weiter zu investieren. Der Termin fand statt und Hans war wieder im Glück. Sein Depot schwoll an und die Empfehlungen des Herrn Redlich, mal ein wenig mehr für sich selbst zu tun und ein wenig Geld für die angenehmen Dinge des Lebens auszugeben, fanden sein offenes Ohr.

Hans investierte in neue Kleider, Pferd, Wagen, gesellschaftliches Ansehen und Wohlgefühl. Er tanzte ausgelassen von Ball zu Ball und genoss die angenehme Gesellschaft der holden Weiblichkeit, die dem jungen Mann, der sowohl ansprechend aussah als auch noch reich war, hohe Sympathien entgegenbrachte.

Fortsetzung folgt...

> **"No risk…no fun?"**

Risiken minimieren ist wichtig.

Das Leben ist voller Risiken. Und damit kommen wir auf ein paar elementare Absicherungsmechanismen, vom Volksmund auch Versicherungen genannt, zu sprechen.
Auch, wenn Versicherungsgesellschaften generell keine gute Adresse für den Kapitalaufbau sind, so haben Sie doch ihre Berechtigung bei der Absicherung Ihrer Arbeitskraft und Ihres Wohlstands. Ohne Ihre Arbeitskraft sind Sie persönlich definitiv aufgeschmissen. Und finanzielle Risiken durch unabsichtlich verursachte Schäden sind gegen Minimalbeiträge abzusichern.

Wir haben 3 *„Pflichtversicherungen"* als Grundabsicherung, wobei mit „Pflichtversicherung" keine gesetzliche Verpflichtung gemeint ist. Diese Pflicht haben Sie selbst gegenüber Ihrer eigenen Person und Ihrer Familie.

„Pflichtversicherung" Nr. 1 ist die private Haftpflichtversicherung.
Sie haben eine? Dann lassen Sie die Leistungen überprüfen. Es gibt beträchtliche Unterschiede.
Sie haben keine? Kaufen Sie eine! Sofort.
Ohne Haftpflichtversicherung ist im Falle eines höheren Schadens Ihr Wohlstand Geschichte.

„Pflichtversicherung" Nr. 2 ist Absicherung Ihrer Arbeitskraft.
Die Versicherer bieten Versicherungen gegen Berufs- und Erwerbsunfähigkeit an. Auch Verträge gegen die finanziellen Folgen aus schweren Krankheiten, Dread Desease Policen genannt und sogenannte Grundfähigkeitsversicherungen sind bei einigen Anbietern erhältlich. Es gibt große Unterschiede beim Bedarf und den Leistungen. Recherchieren Sie bitte gründlich im Internet und kaufen Sie nicht irgendwo an der Ecke bei irgendeinem Ausschließlichkeits-Mitarbeiter irgendeiner großen Gesellschaft die Hausmarke. Auch der Kauf von Versicherungsprodukten will gelernt sein.

„Pflichtversicherung" Nr. 3 ist die private Pflegeversicherung.
Der Eintritt einer Berufs- oder Erwerbsunfähigkeit bedeutet, dass Ihr Einkommen fehlt. Die Pflegebedürftigkeit hingegen kostet Geld. Im Pflegefall kommen bei Pflegestufe III, die statistisch bis zu 8 Jahren dauern kann, bis zu 200.000 Euro Kosten auf Sie zu. Zumindest wenn Sie eine menschenwürdige Pflege in einer geeigneten Einrichtung mit gutem Service bekommen wollen. Danach ist das Problem, so hart es

klingen mag, biologisch gelöst. Aber diese Kosten kommen auf jeden dritten Deutschen zu und sind gigantisch. Wohnbesitz kommt bei mangelnder Kapitaldecke unter den Hammer, Vermögenswerte müssen verbraucht werden. Apropos…auch Ihre nahen Verwandten können finanziell in Anspruch genommen werden. Sichern Sie sich bitte dagegen ab.

Die drei wichtigsten Bausteine hätten wir. Es gibt natürlich weitere Versicherungsangebote wie Sand am Meer am Markt. Ob Hausrat-, Unfall- oder Krankenversicherung, Tagegelder oder Zusatztarife welcher Art auch immer…die Qual der Wahl macht es nicht einfach. Aber bedenken Sie bitte, dass es keine absolute Sicherheit geben kann. Versicherungen sind immer ein Wettgeschäft. Sie setzen Ihren Einsatz auf das Eintreten eines Versicherungsfalls, der Versicherer setzt dagegen. Wählen Sie bitte den richtigen Versicherer…der billigste ist nicht immer der sinnvollste. Der teuerste ebenfalls nicht. Leistung und Stabilität sind das A&O.

Der Verlierer ist letztendlich immer der Kunde. Wenn der Versicherungsfall nicht eintritt, ist das Geld für die Versicherungsprämien futsch. Und wenn er doch eintritt, dann ist es das letzte Ereignis, das man sich wünscht. Trotz allem gibt es eben Bereiche, wo eine Versicherung als notwendiges Übel finanzieller Gefahren großen Ausmaßes abwenden kann. Vorbehaltlich der finanziell stabilen Situation des Versicherers. Denn auch die können, wie bereits die Mannheimer gezeigt hat, schneller pleitegehen, als man „Ooops" sagen kann. Und dann steht man mit seinem Talent plötzlich ohne Schirm im Regen.

Hans im Glück Teil 14

Hans hatte lange geschlafen. Seit er einen intensiveren Lebensstil pflegte, hatten sich seine Zeiten ein wenig verändert.

Die morgendliche Zeitung verhieß nichts Gutes. Es war die Rede von höchst ungünstigen Entwicklungen bei der Glücksburgbank. Anscheinend hatten etliche Bürger der Stadt sozusagen über Nacht all ihr Eigentum an eben diese Einrichtung verloren, als sich aus welchem Grund auch immer die über jeden Zweifel erhabenen Wertpapiere mit den vielen Sternchen sozusagen in Luft aufgelöst hatten.

Offensichtlich waren sie doch nicht so werthaltig gewesen, wie Herr Redlich immer wieder betont hatte.
In der Post des Tages befand sich ein Brief der Bank. Hans wurde nahegelegt, seinen Saldo auszugleichen, da er durch den spontanen Kursrutsch anscheinend keine ausreichenden Sicherheiten für die durch ihn in Anspruch genommenen Kredite mehr bestanden.

Inzwischen hatte die Obrigkeit beschlossen, die Bank retten zu müssen. Sie sei systemrelevant und dürfe nicht gefährdet werden.
Erhebliche Teile der Stadtfinanzen wurden eingesetzt, um der in Schieflage geratenen Bank aus der Patsche zu helfen.

Das Volk war missgestimmt…sehr missgestimmt.
Und es kam, was kommen musste.

Fortsetzung folgt...

> **„Nur die Dummheit ist vollkommen. Sie beherrscht alles."**

Investieren…so nicht!

Es folgt ein langes Kapitel. Wir gehen ans Eingemachte. Sollten Sie zur Erkenntnis gelangen, sich in der Vergangenheit suboptimal entschieden zu haben, dann ist es an der Zeit, es zu ändern. Ansonsten können Sie sich das Weiterlesen sparen und alles beim alten Zustand belassen. Verbrennen Sie das Buch oder verkaufen Sie es bei Ebay und reden Sie einfach nicht mehr darüber. Ach ja…und meckern Sie hinterher nicht, dass leider nichts funktioniert hat, weil Sie nichts unternommen haben. Und nun ein Blick auf das, was alle machen. Die Produkte sind Ihnen in der Vergangenheit alle schon begegnet. Lebensversicherungen, Sparpläne, Fonds, Bankkonto…wohin mit dem monetären Segen? Folgen Sie bitte nicht der Masse. Die Mehrheit ist definitiv NICHT erfolgreich im Investieren. Lernen Sie von denen, die es geschafft haben.

Beginnen wir damit, wie es NICHT funktioniert.

Bankprodukte

Betrachten wir zuerst des Deutschen liebsten Freund...das Bank-Konto. Die Funktion ist einfach. Sie leihen einer Bank Geld und bekommen dafür Zinsen. Die Rendite ist minimal. Das Risiko beträchtlich. Denn Banken können definitiv insolvent werden.

Man verleiht kein Geld gegen Zinsen an jemanden, den man nicht kennt. Oder verlassen Sie sich auf Ihr Bauchgefühl bei der Auswahl eines Schuldners?
Kennen Sie die Eigenkapitalquote oder die Verbindlichkeiten Ihrer Bank? Haben Sie die Bilanzen gelesen und verstanden? Vertrauen Sie einem Bankmitarbeiter? Wenn ja...warum? Weil Sie eine Tasse Kaffee bekommen haben?
Kennen Sie seinen Vertrag, seine Verpflichtungen gegenüber seinem Arbeitgeber und seine vorgeschriebenen Verkaufserfolge?

Geben Sie kein Geld aus der Hand. Verwalten Sie Ihren Reichtum oder dessen Grundstock selbst. Seien Sie Eigentümer, aber kein Verleiher.

Anbei ein Auszug aus den kürzlich geänderten AGB einer Sparkasse:

(3) Haftung bei höherer Gewalt

„Die Sparkasse haftet nicht für Schäden, die durch Störung ihres Betriebes (z. B. Bombendrohung, Banküberfall), insbesondere infolge von höherer Gewalt (z. B. von Kriegs- und Naturereignissen) sowie infolge von sonstigen, von ihr nicht zu vertretenden Vor-

kommnissen (z. B. Streik, Aussperrung, Verkehrsstörung) verursacht sind oder die durch Verfügungen von hoher Hand des In- und Auslands eintreten."

Dadurch entledigte sich die Sparkasse nahezu jeglicher Haftung gegenüber ihren Kunden. Ein feiner und schlauer Schachzug, nicht wahr?
Würden Sie immer noch Ihr Geld dort deponieren (also der Bank leihen)?
Kunden, die diese AGB-Änderungen nicht akzeptierten, bekamen sofort die Kündigung der Geschäftsbeziehung. Wo käme man denn da hin, wenn man den Kunden nicht mehr beschummeln könnte?

Oder kennen Sie den schon?

„Es liegt im Ermessen der Bank, Barausgänge nicht auszuführen, falls der Verwendungszweck nicht plausibel erklärt oder dokumentiert werden kann. Als Barausgänge gelten die Auszahlung von Noten oder Münzen oder die physische Auslieferung von Wertpapieren oder Edelmetallen an Kunden."

Möchte der Kunde beispielsweise die Herausgabe seiner 10 Kilo Gold und seiner 100.000 Euro in bar von seiner Bank verlangen, weil diese Werte seiner Meinung nach im heimischen Tresor besser aufgehoben seien, dürfte er schlechte Karten haben.
Sollte der Kunde erwähnen, sein Kapital verjubeln zu wollen, weil ihm gerade danach sei, so würde die Bank eine schützende Hand auf die Werte legen.
Sollte man als Kunde diese Fürsorge gutheißen? Wenn man den Besuch eines Domina-Studios zu schätzen weiß…vielleicht.

Möchten **Sie** bei diesem Institut ein Konto oder Depot unterhalten?
Die Antwort erübrigt sich wohl...

Private Lebens- und Rentenversicherungen.

Weit verbreitete Produkte am Markt sind die Lebensversicherungen und ihre kleinen Schwestern, die Rentenversicherungen, die nichts anderes sind, als eine Lebensversicherung ohne Risikoversicherungsanteil.
Der Ursprung der Lebensversicherung bedeutete die Absicherung gegen finanzielle Nachteile durch einen Todesfall und war damit ein löbliches Unterfangen.

Die Versicherungsindustrie kam dann auf den glorreichen Gedanken, die Risikoabsicherung mit Sparen zu verknüpfen. Wozu nur ein Risiko absichern, wenn man dem Bürger auch das Geld abschwatzen konnte?
Und der Kunde schluckte die Kröte.
Und so spart der Deutsche seit ewig und drei Tagen in Lebensversicherungen auf der Basis eines Versprechens bezüglich einer wie auch immer gearteten Ablaufleistung.

Die Versicherungsprodukte sind vielfältig. Kapital gedeckt, als Aktienfondsvehikel, mit und ohne Förderung und garantiert intransparent.
Unser Staat (also wir alle miteinander) fördert die private Rente. Warum eigentlich?

Stellen wir uns also zunächst einmal die Frage, wozu und wem das ganze Szenario überhaupt dient.

Die Riesterrente wurde ins Leben gerufen, als der Staat begann, sich aus der Rentenversicherung zumindest teilweise zu verabschieden. Die gesetzliche Rente wurde von 70% auf 67 % reduziert und die Riesterrente sollte diese Differenz ausgleichen. Letztendlich handelte es sich also um eine verkappte Steuererhöhung, da sich die Belastung der Steuerzahler nicht veränderte, die Leistungen jedoch verringert wurden.

Die Riesterrente war ein Geschenk (zuerst einmal für die notleidende Versicherungsindustrie) und dann selbstverständlich für den Staatshaushalt.
Zunächst mussten die Steuern ein wenig erhöht werden, da keine ausreichende finanzielle Masse für die zu erwartende Antragsflut auf Fördermittel vorhanden war. Nach dem erprobten Prinzip der Umverteilung von der linken in die rechte Tasche.

Stellen Sie sich die Situation wie folgt vor:

Kurz vor Ihrem Geburtstag kommt ein guter Freund auf sie zu und spricht sie an, dass er gern ein Geburtstagsgeschenk für Sie kaufen würde. Leider sei er gerade ein wenig knapp bei Kasse und würde sich gern Geld bei Ihnen dafür leihen. Das Geschenk hätte dann allerdings noch den kleinen Nachteil, in der Steuererklärung erwähnt werden zu müssen. Ach ja...ins Ausland mitnehmen dürften Sie es auch nicht. Mögen Sie diesen Freund?

Freund Staat erhöht die Steuern, um eine Förderung spendieren zu können. Die Fördermittel landen im Anschluss in den Policen. Die Gelder aus den Policen müssen, da eine Garantie auf eine Mindestablaufleistung ausgesprochen wurde, in eine aus Sicht des Staates mündelsichere Anlage investiert sein. Diese Anlagen sind per Definition vornehmlich Anleihen des deutschen Staates wie zum Beispiel Anleihen oder Bundesschatzbriefe. Das bedeutet, dass sich der Staat wieder in den Besitz der Mittel durch eine zusätzliche Verschuldung bringt, da diese Kapitalaufnahme natürlich nur gegen Zinsen möglich ist.

Der Steuerzahler zahlt die Zeche. Und die ist größer, als man denken mag. Denn dazu kommen die Abschlusskosten und Verwaltungskosten der Versicherungen, Fondsgesellschaften und inzwischen auch Bausparkassen, die über die ersten Jahre erhebliche Anteile des Sparvolumens vernichten.

Dem Steuerzahler und Kunden wird über einen nicht unerheblichen Anteil der Riester-Vermittler sogar suggeriert, dass es sich um eine quasi offizielle Form der Altersvorsorge handele, die obligatorisch sei. Auch sei die Riesterrente sehr rentabel und ein probater Baustein zur Bekämpfung der Altersarmut. Nur unzureichend wird darauf hingewiesen, dass die Riesterrente bei Eintritt der Verrentung steuerpflichtig ist und nicht an einen Altersruhesitz im kostengünstigeren Ausland mitgenommen werden kann. In der Phase der Verrentung wird der Vertrag übrigens in eine Sofort-Rente umgewandelt. Das Bedeutet, dass die Abschlusskosten erneut anfallen und Ihre Rendite verfrühstücken. Na? Wer macht den Reibach?

Ach ja! Bitte leben Sie lange. Ein Versterben ist eher ungünstig, da das Vermögen nach einer wie auch immer vereinbarten Rentengarantiezeit für die potentiellen Erben verloren ist.

Besonders prekär ist die Situation für die Mehrheit der Riester-Kunden, die über ein eher geringes Einkommen verfügt. Sollten sie im Fall des Rentenbezuges auf Leistungen der öffentlichen Hand wie Sozialhilfe angewiesen sein, so werden die Leistungen der Riesterrente dagegen aufgerechnet.
So wird ein weiterer erheblicher Teil der gesetzlichen Leistungen auf den privaten Geldbeutel des Steuerzahlers verlagert. Wie man es auch dreht und wendet...der Kunde ist, wie immer, der Verlierer.

Im Vermittlerbereich scheint es vorzukommen, dem Kunden die Förderquote als Rendite zu verkaufen.
Auch die Berechnungsprogramme der Versicherer neigen hier und da dazu, die höchstmögliche Förderung über den längst möglichen Zeitraum anzuwenden, da so natürlich höhere Ablaufleistungen (freibleibend und unverbindlich) suggeriert werden und die Verträge profitabler erscheinen lassen, als es in der Realität sein wird.

Berechnungen von Kritikern der Förderrente ergaben, dass sich die Riesterrente durchaus für den Kunden lohnen könne. Um allerdings in den Genuss der Ausschöpfung der Fördermittel zu kommen, müsste ein Lebensalter von 96 Jahren bis 109 Jahren (je nach Anbieter) erreicht werden, da ansonsten das Ganze defizitär und somit ein schlechtes Geschäft für den Kunden sei.
Da die durchschnittliche Lebenserwartung derzeit bei geschätzten Mitte 80 Jahren liegt, ist das Risiko für

den Staat und die Versicherer eher als übersichtlich zu betrachten.
Nachdem nun also die Riesterrente auf den Weg gebracht wurde, kam die nächste hitverdächtige Idee auf den Markt, die Rürup-Rente.
Da der deutsche Steuerzahler jegliche Ratio verliert, sofern er nur der Annahme ist, Steuern sparen zu können, wurde hier noch die Möglichkeit geschaffen, gegen einen nahezu sofortigen Steuervorteil im Rahmen der Reduzierung der jährlichen Einkommensteuer Geld in Versicherungsverträge zu investieren.
Ein wesentlicher Nachteil besteht darin, dass das investierte Kapital ab Eingang auf dem Konto des Vertrages für den Kunden unwiderruflich verloren ist. Es ist weg...fort...enteignet...futsch.

Der Kunde erhält am Tag X eine Rente. Die Rente ist, wie unabhängige Anlegerschützer berechnet haben, gering. Anscheinend befindet sie sich ein erhebliches Stück unterhalb der derzeitigen realen Inflationsrate und wird im Rentenfall keine Hilfe sein.
Im Gegenteil. Jede halbwegs solide Kapitalanlage hätte netto mehr Ertrag erwirtschaftet und das Kapital wäre dem Eigentümer erhalten geblieben.
Die Rürup-Rente unterliegt wie das Riester-Produkt auch den Kosten der Versicherungsindustrie für Provisionen und Verwaltung.

Als ob das alles noch nicht gereicht hätte, stellten die Bausparkassen fest, dass sie von dem schönen großen Kuchen nichts abbekamen. Nichts geht über eine gute Lobbyarbeit.
Das Resultat hieß Wohnriester. Wohnriester ist eine interessante Alternative für den Freund der selbstge-

nutzten Immobilie, falls er sich damit anfreunden kann, von einem eventuellen Verkauf seiner Immobilie Abstand nehmen zu wollen, da er kaum noch Herr im eigenen Haus ist und das Wohnen im eigenen Objekt im Rentenalter zudem versteuern zu muss.

Auch, wenn die Produkte anscheinend zugleich Gift für den Steuerzahler **und** die Versicherungskunden sind, hatten zumindest drei Fraktionen erhebliche Vorteile.
Versicherer, Fondsgesellschaften und Bausparkassen haben über das Neugeschäft regen Mittelzufluss zu extrem günstigen Konditionen. Vater Staat lenkt durch die Vorgaben im Anlagebereich das Kapital gleich wieder in den Staatssäckel und verschuldet sich zusätzlich für die dadurch entstehenden Zinslasten. Und die Herren Riester und Rürup haben jeweils eine lohnende Beschäftigung in der Versicherungsindustrie gefunden.
Gemäß Presseberichten verdient Herr Riester mittlerweile durch bundesweite Vorträge über das von ihm ersonnene Produkt so viel, dass er damit mehr erwirtschaftet, als sein Bundestagsmandat ihm jemals einbrachte, während Herr Rürup über den allseits bekannten Herrn Maschmeyer ein lohnendes und hochdekoriertes Engagement gefunden hat. Ein Schelm, wer Böses dabei denkt.

Investmentfonds - Immobilienfonds

Eine interessante Erkenntnis des Investmentsparens ist, dass nur etwa 20 % der am Markt erhältlichen Fonds den jeweiligen Index (DAX, Dow Jones etc.) schlagen.

Was für eine Blamage für die jeweiligen, extrem hochbezahlten Fondsmanager und ihre im Verhältnis immer noch hochbezahlten Teams, ein so erbärmliches Ergebnis abzuliefern. Welcher Arbeitnehmer wünscht sich nicht, Boni für Fehlleistungen und die Vernichtung von Werten in Milliardenhöhe zu erhalten? Der konventionelle Mitarbeiter welchen Unternehmens auch immer würde sofort entlassen werden. Der Investment-Manager hingegen bekommt seine Gratifikationen.

Kein Kunde, der über nennenswerte Investment-Kenntnisse verfügt, investiert ausgerechnet in Fonds. Fonds sind oftmals die Mülldeponien der Banken, die sie nutzen, um Altlasten zu „verklappen" oder Risiko-Positionen auf Kosten der Kundschaft zu entsorgen.
Ähnlich verhält es sich mit vielen Immobilien-Investments auf Fondsbasis.
Fonds-Immobilien werden oftmals überteuert, weil mit hohen Weichkosten bepflastert, in Fonds verklappt und dem ahnungslosen aber optimistischen Anleger angedient.
Objekte mit guter Qualität und vertretbaren Renditen werden nicht auf den offenen Markt geworfen. Wozu denn auch? Die Guten ins Töpfchen…die schlechten für den Kleininvestor.
Natürlich werden Objekte auch mehrfach von Fonds zu Fonds mit einem entsprechenden Aufpreis veräußert.
Der jeweilige Hersteller dieser „Kapitalanlagen" hat die Freude, der Kleinanleger das Nachsehen.

Vertrauen ist ein Gut, mit dem vorsichtig umgegangen werden sollte.

Nicht jeder verdient es. Und die Erfahrung zeigt, dass Vertrauen ausgerechnet bei Banken und Versicherungen mit größter Vorsicht anzuwenden ist.

Aktien

Aktien sind, wenn man der vorherrschenden Meinung glauben darf, echte Sachwerte. Mit dem Erwerb eine Aktie wird der Kunde Teileigentümer des jeweiligen Unternehmens.

Fatal ist, dass mittlerweile etliche Unternehmen über Schuldenquoten von 70 % und mehr verfügen.
Nun stellten wir uns die Frage, wie werthaltig ein Unternehmen ist, wenn es mehr aus Schulden als aus Substanz besteht?
Ist es wirklich noch ein reiner „Sachwert"?
Wollen Sie wirklich in „Schulden" anderer investieren? Wenn ja, dann schlagen Sie dieses Buch bitte sofort zu.

Es gibt in der Tat interessante Aktien, die eine Investition wert sein können. Aber das Finden dieser Produkte setzt profunde Kenntnisse voraus. Beschäftigen Sie sich vorher nicht nur mit den Bilanzkennzahlen der jeweiligen Unternehmen. Analysieren Sie den Markt, den Wettbewerb und vor allem das Umfeld derjenigen, die ein Interesse daran haben könnten, die jeweiligen Kurse manipulieren zu wollen.
Wenn Sie als Kunde nicht in der Lage sind, Kurse gezielt zu gestalten (Hedgefonds sind darin geübt), dann sollten Sie auch hier äußerste Vorsicht walten lassen. Andere können es und wenden die hohe Kunst auch an. Im Normalfall gegen den Kleinanleger, der

die Zeche dafür zahlen muss. Oder was dachten Sie, wie Gewinne entstehen?

Derivate

Sie mögen es richtig spannend und suchen den Nervenkitzel? Dann sind sie hier herzlich willkommen und am rechten Platz.
Der ultimative Kick der Investitionsmöglichkeiten sind diese Kunstprodukte der internationalen Spielkasinos.
Zocken Sie massiv auf fallende oder steigende Kurse, riskieren Sie gegebenenfalls nahezu unbegrenzten Nachschusspflichten im Falle von Fehleinschätzungen und stellen Sie sich, wenn das Kind in den Brunnen gefallen ist, die Sinnfrage.
Derivate sind reine Wettgeschäfte ohne substanzielle Gegenwerte.
Also letztendlich völlig wertlos.
Der Chance auf exorbitante Gewinne stehen entsprechend hohe Verlustmöglichkeiten gegenüber.
Wenn Sie zocken wollen, gehen Sie ins nächste Spielcasino. Die Roulette-Chancen sind nicht nur besser. Sie bieten auch mehr Unterhaltungswert. Auch Pokern oder Black Jack kann ein angenehmer Zeitvertreib mit guten Chancen auf einen netten Gewinn sein.
Wetten auf Pferderennen oder Fußball…es gibt genug Angebote. Aber lassen Sie um Gottes Willen die Finger von Dingen, die Sie nicht durchschauen können.

Betriebliche Altersvorsorge

Dank dem Einfallsreichtum der Versicherungsindustrie und diverser Lobbyisten besteht die Möglichkeit,

Lohnkosten und Sozialversicherungsbeiträge zu sparen. Die Erfahrung zeigt, dass der Steuerspartrieb der Deutschen erheblich höher zu sein scheint, als der Fortpflanzungstrieb. Wozu noch Sex, wenn man auch Steuern sparen kann? Kommt der Trieb ins Spiel, setzt die Ratio oftmals aus.

Unterstützungskasse, Gehaltsumwandlung, Direktversicherung, Pensionszusage...die Welt der BAV ist vielfältig. Dazu die schon erwähnten Riester- und Rürup-Policen. Eigentlich sollte doch genug vorhanden sein, um den deutschen Sparer glücklich und wohlhabend zu machen.
Reichlich vorhanden ja...glücklich und wohlhabend leider nein. Die Zeiten ändern sich.
Neben den zum Teil erschreckend niedrigen Renditen dieser Produkte tragen die nachgelagerte Besteuerung sowie Sozialversicherungs-beiträge auf Renten dazu bei, die ehemaligen Vorteile zu verspeisen.

Unlängst wurde eine Fernsehreportage des BR mit Betroffenen gezeigt. Einer Versicherungskundin mit einer Gehaltsumwandlung via Lebensversicherung verblieben bei einer Ablaufleistung von 50.000 Euro gerade mal 12.000 Euro netto. Die Haftung für das Drama landet beim Arbeitgeber. Herzlichen Glückwunsch.

Bausparen

Und da ist er nun: Der gute, alte Bausparvertrag. Wie war doch dereinst der Slogan der Kritiker?

„Bausparen ist Ausparen."

Und damit liegt der Kritikus definitiv nicht daneben. Aber nicht uneingeschränkt. Bausparen ist als reine Sparanlage ein Splitter unter dem Nagel des Sparers. Unflexibel, nicht spontan verfügbar und mit zum Teil hohen Abschlusskosten versehen. Etabliert zum Sparen der vermögenswirksamen Leistungen seit Uromas Zeiten. Damals, als es noch Arbeitnehmersparzulage und Wohnungsbauprämie in Hülle und Fülle gab.

Doch inzwischen, in der absoluten Tiefzinsphase, hat der Bausparvertrag seine Berechtigung gegen das Risiko steigender Zinsen wiedergefunden. Mit dem Vorbehalt der Verwendung als Zinsjoker.

Aktuelle Tarife bieten im Falle einer Zuteilung weiterhin einen exorbitanten Niedrigzins und somit Planungssicherheit im Falle einer anstehenden Anschlussfinanzierung.

Für den reinen Kapitalaufbau allerdings ist der Bausparvertrag ein Flop wie alle anderen Sparverträge auch.

Um es noch einmal auf den Punkt zu bringen: Die Produkte, die Ihnen von der Banken- und Versicherungsindustrie angedient werden, sind nahezu ausschließlich Dinge, die nur dem Emittenten, nicht jedoch Ihnen selbst als Kunden weiterhelfen. Wäre es anders, dann würden Banken und Versicherungen das Zeugs selber kaufen, statt es ausgerechnet Ihnen anzubieten.

Hans im Glück Teil 15

Der Run auf die Glücksburgbank kam anscheinend völlig unerwartet.
Als Hans voller Zorn zur Glücksburgbank eilte, musste er feststellen, dass er nicht allein war. Aus allen Straßen eilte das Volk zum Marmortempel des Glücks und der Wertschöpfung.

Die Bürger Glücksburgs wollten das Gebäude stürmen, stellten jedoch fest, dass das nicht notwendig war. Die prunkvollen Flügeltüren standen weit offen und die Räume waren menschenleer. So leer wie der Tresorraum, in dem sich einstmals Berge von Gold, Silber und Geschmeide aufgetürmt hatten.

Das Volk verließ murrend den ehemaligen Ort der Glückseligkeit und kehrte zurück an den heimischen Herd.
Die nächsten Tage mussten die Bürger von Glückstadt feststellen, dass kein Kaufmann des Ortes die Glückstaler mehr akzeptieren mochte.
Glücksburg versank in Chaos. Es kam zu Plünderungen, Gewalttaten und anderen unschönen Vorfällen. Die Regierenden hatten wohlweislich den Ort verlassen, um irgendwo außerhalb die notwendigen Krisensitzungen abzuhalten.

Als nach mehreren Wochen wieder Ruhe eingekehrt war, kehrten Sie zurück und wiesen alle Mitschuld von sich. Letztendlich waren auch sie, wie sie beteuerten, nur Opfer widriger Umstände geworden.

Fortsetzung folgt...

„Nur Bares ist Wahres"

?

Investieren...aber richtig!

Beginnen wir mit vorhandener Liquidität. Leider kommen wir in diesem Fall aus Gründen der Praktikabilität nicht ganz um Banknoten herum. Manchmal muss es eben schnell gehen.
Halten Sie immer einen Notgroschen in Bargeld bereit. Der Geschirrspüler oder die Waschmaschine geben den Geist auf, das Auto muss repariert werden? Irgendetwas ist doch immer. Planen Sie großzügig, aber übertreiben Sie es nicht. 2 Monatsgehälter sollten ein ausreichender Puffer gegen die Lästigkeiten des Alltags sein.
Alles, was darüber hinausgeht, gehört in Sachwerte für den Kapitalaufbau.

„Lassen Sie Ihr Geld für sich arbeiten!" (?)

Verabschieden Sie sich bitte sofort von diesem Gedanken. „Geld" kann vieles...aber nicht arbeiten. Arbeiten können nur Menschen. Aber dann bekommen Sie natürlich keine Zinsen.

Wie wichtig sind Zinsen? Wenn Sie Zinsen bekommen, dann nur, weil Sie Ihr Geld verliehen haben. Und Geld verleiht man nicht. Möglichst nicht einmal an Freunde oder Verwandte. Lassen Sie sich diese Aussage mit von mir aus unsichtbarer Tinte auf den Körper tätowieren oder ins Hirn gravieren. Machen Sie weder Banken noch Versicherungsunternehmen zu Ihren Schuldnern. Zinsen sind Wucher. Egal von welcher Seite. Und die Zinsen sind es, die unserem Wirtschaftssystem das Genick brechen. Mittlerweile sind die Produkte des Einzelhandels kostentechnisch mit nahezu 50% Zinsanteil versehen. Und wer bezahlt letztendlich den ganzen Segen an die Banken? Sie!
Ihr sauer erspartes Geld gehört in Sachwerte. Zum Aufbewahren und Transportieren helfen hier nur die üblichen Verdächtigen. Und die heißen:

Gold, Silber, Platin, Palladium, Diamanten und Industriemetalle.

Sie wollen Metall kaufen? Nur, weil es sich seit tausenden von Jahren bewährt hat? Eine revolutionäre Idee!
Gold und Silber sind die ältesten Währungen der Welt, die bis heute Fortbestand haben. Kaurimuscheln oder Salz haben sich eher weniger bewährt.
Der Unterschied zwischen Gold und Silber ist einfach. Gold ist eher ein Schmuckmetall, Silber ein Industriemetall.
Während die Goldmenge eher stabil bleibt, ist Silber ein Gut, welches täglich verbraucht und in der Verfügbarkeit immer weniger wird.

Die logische Konsequenz daraus: Silber wird zwangsläufig immer wertvoller, da der Bestand permanent abnimmt. Es ist also nur eine Frage der Zeit, bis der Silberkurs durch die Decke schießen wird.

Gold ist das Geld der Könige, Silber das Geld der Gentlemen.
Welchem Material auch immer Sie den Vorzug geben: Überlassen Sie keinem anderen die Verfügung darüber.

Gold und Silber werden nur physisch gekauft. Nicht als Wertpapier oder Zertifikat oder Aktie. Und verwahrt wird es irgendwo auch immer. Aber nicht in einem Schließfach oder einem Depot bei einer Bank. Banken können ausgeraubt werden oder pleite gehen, Schließfächer können vom Staat beschlagnahmt werden und so weiter. Reales Gold ist mittlerweile 100-fach überzeichnet. Jede Unze wurde also 100-fach an Kunden, die es bei der Bank verwahren lassen, verkauft. Im Krisenfall sehen Sie kein Gramm davon. Die Finanzämter haben ebenfalls Ihre Besitztümer im Blick. Also Obacht. Es kann sinnvoll sein, etwas Diskretion in eigener Sache zu pflegen.

Vergraben Sie es im Garten oder verwahren Sie es unter dem Parkett. Aber vertrauen Sie keiner Bank. Es gibt eine einzige Ausnahme: Das Zollfreilager in der Schweiz. Da liegt es sicher, insbesondere wenn Sie größere Mengen kaufen. Niemand sollte sich einige hundert Kilo Edelmetall in diesen Tagen der Unsicherheit im Keller bunkern. Apropos: Die EU hat festgelegt, dass die Bürger ihre Bargeld- und Schmuckbestände den Finanzbehörden mitzuteilen haben. In Griechenland wird es bereits angewendet. Naaa? Haben Sie vielleicht eine Ahnung, warum?

„Nichts ist so unvergänglich wie ein Diamant."

Während Metalle in Ihrem Wert zum Teil starken Schwankungen unterliegen, erweisen sich Diamanten als äußerst konstant in Ihrer Wertentwicklung und Preisstabilität.
Wenn sie ruhig schlafen wollen, dann sind Diamanten eine gute Wahl.

Es werden immer weniger natürliche Steine gefördert. Daher ist der Kuchen irgendwann verteilt. Die Preise für natürliche Diamanten werden langfristig steigen. Die Preisentwicklung bei künstlichen Steinen ist derzeit nur schwer zu prognostizieren. Die Akzeptanz künstlich hergestellter Steine ist erheblich niedriger.

Ankauf und Verkauf von Diamanten sind etwas aufwändiger als beim Edelmetall. Jeder natürliche Stein ist ein Einzelstück, gefertigt von Mutter Natur. Reinheitsgrad, Schliff, Politur, Karat, und Klarheit müssen passen.

Kaufen Sie nur Steine mit nachvollziehbaren Expertisen der großen gemmologischen Institute. Diamanten müssen authentisch und aus nachvollziehbaren Quellen sein. Dubiose Steine aus nichtgeklärter Herkunft sind nicht nur schwer zu veräußern. Auch die Umstände, unter denen sie gefördert wurden, sind menschverachtend und ethisch unvertretbar.
Kaufen Sie Steine nicht beim Juwelier an der Ecke. Der konventionelle Einzelhandel ist insbesondere in

Deutschland viel zu teuer. Eines der schlechtesten Investments im Gegensatz zu Steinen ist Schmuck, also Ketten, Ringe, Anhänger oder Broschen. Design bedeutet eben nicht zugleich Wert.

Renditeimmobilien als Kapitalanlage

Und nun befinden wir in der Königsklasse oder Champions-League.
Machen Sie es wie Banken, Versicherungen, Konzerne und Spitzenverdiener.

„Alle"…und ich betone es noch einmal „alle" großen Vermögen wurden auf der Basis von Grund und Boden geschaffen oder stabilisiert.

Es gibt gute Gründe, warum Banken und Versicherungen eigenes Kapital nicht in Lebens- oder Rentenversicherungen, Investmentfonds, Sparanlagen oder ähnliche Dinge investieren.
Das sind Dinge, die von Banken und Versicherungen hergestellt und mit erheblichen Gewinnen an den unbedarften Endkunden veräußert werden.
Banken und Versicherungen investieren ihr Eigenkapital bevorzugt in Sachwerte, wobei die Immobilie bzw. Grund und Boden den absoluten Schwerpunkt bilden.

Da der werte Leser dieses Büchleins nicht in der Lage ist, in der Liga der institutionellen Anleger mitzuspielen, bleibt ihm der konservative, sichere aber nichts desto trotz rentable Weg über die Bestandsimmobilie als die klassische „Einsteigerimmobilie". Sie eignet sich insbesondere für Anleger, die bislang im Immobilienbereich noch nicht so erfahren sind.

Was macht die Immobilie so reizvoll?

Sie ist ein echter Sachwert, den jeder nachvollziehen kann. Ab Kauf verfügt der Käufer über einen hohen Sachwert, der Inflationsrisiken elegant eliminiert.

Beispiel: Sie erwerben ohne den Einsatz von Eigenkapital einen Sachwert von 100.000 Euro. Allein inflationär betrachtet hat die Immobilie bereits im Jahr 1 einen Zuwachs von durchschnittlich geschätzten 3 % realisiert. Also 3.000 Euro aus dem Nichts. Jährlich und steigend.
Gearbeitet wird im Normalfall mit Fremdkapital zur Finanzierung des Erwerbs. Dieser Vorgang ist allerdings auf Grund des Gegenwertes der Immobilie als Investition und nicht als Schulden zu betrachten. Es ist kein Konsumentenkredit, der irgendwelchen kurzlebigen Plunder finanziert, sondern ein probates Mittel zum Vermögensaufbau.
Für den Freund der Steuerersparnis bietet sich ein Sanierungsobjekt an. Die Rendite liegt oftmals unter der konventionellen Bestandsimmobilie, da der Kaufpreis verhältnismäßig höher ist. Aber die Steuervorteile sind ebenfalls höher, erheblich höher als beim Bestandsobjekt.

Immobilien kauft man nicht aus dem Bauch heraus oder nach Lust und Laune. Ein Investor stellt klare Bedingungen an das Objekt. Man kauft nicht einfach in der Straße nebenan, nur weil man in der Gegend aufgewachsen ist, und der Meinung ist, alle 5 Minuten seinen Besitz in Augenschein nehmen zu müssen.

Für Renditeobjekte ist vor allem die Lage wichtig. Also nicht nur passende Straße, sondern auch das passende Viertel im passenden Ort mit wirtschaftlich interessanten Rahmendaten wie den kommunalen Wirtschaftsdaten und der Bevölkerungsstruktur.

Zusätzlich sollten Anleger auf den Kaufpreis der Immobilie achten. Bevor Sie Renditeimmobilien kaufen, müssen Sie prüfen, ob eine gute Bausubstanz vorhanden ist. Erst wenn diese Kriterien erfüllt sind, sollten Sie die Renditeimmobilie kaufen. Die Rendite-Immobilie als Kapitalanlage eignet sich generell für fast alle Anleger, die finanzierbar sind.

Wo Chancen sind, da sind bekanntlich auch Risiken. Dieser Satz besitzt bei jeder Anlageform Gültigkeit.

Da die Immobilie grundsätzlich eine langfristige Anlage ist, sollte man sich im Vorfeld intensiv mit allen relevanten Parametern beschäftigen.

Insbesondere die Lage ist entscheidend für den Erfolg Ihrer Investition. Denn die Lage kann im Nachhinein nicht mehr korrigiert werden. Vor allem sollten zukünftig eine positive Bevölkerungsentwicklung und eine gute Infrastruktur am Immobilienstandort gegeben sein.

Finanzierung:

Das Risiko einer langfristigen Finanzierung besteht darin, dass bei der Anschlussfinanzierung die Zinsen höher stehen können, als heute zu Beginn der Darlehensaufnahme.

Beispiel: Finanzierung über 30 Jahre/ Zinsen sind über 10 Jahre festgeschrieben (z.B. Zinsen zu 3%). Danach folgt die Verlängerung des Darlehens zu ungünstigeren Bedingungen (z.B. Zinsen zu 6%), da die Zinsen gestiegen sind.

Bei diesem Beispiel wird durch die Anschlussfinanzierung die monatliche Gesamthöhe des Darlehens deutlich höher und ist im schlimmsten Fall nicht mehr finanzierbar. Die Lösung besteht in einem Finanzierungskonzept, welches diesen Aspekt berücksichtigt. Sinnvoll ist daher eine möglichst lange Festschreibung der Zinsen oder die Einbeziehung des vorhin erwähnten Bausparvertrages.

Bei einem Barkauf ohne Finanzierung entfällt dieser Gesichtspunkt.

Die Vermietung steht in direktem Zusammenhang mit der Lage. Ist die Lage Ihrer Immobilie gut, dann finden Sie gute und solvente Mieter.
Bei der Auswahl des künftigen Mieters sollte im Vorfeld die Bonität überprüft werden. Ebenfalls Sinn macht die Anfrage einer Bankauskunft, einer Arbeitsplatzbescheinigung und einer Selbstauskunft. Um das Risiko von „Mietnomaden" zu minimieren, kann

auch Kontakt mit dem Vormieter aufgenommen werden.

Gegen Mietschäden können Sie sich über eine Mietkautionsversicherung absichern. Bei der Mieterauswahl hilft Ihnen in der Regel der Hausverwalter, der die Suche nach einem neuen Mieter professionell für Sie übernimmt.

Die eigengenutzte Immobilie

Die Bastion des Deutschen ist sein Haus.
Nichts spricht gegen eine Investition in das klassische Eigenheim. Langfristig macht sich das Wohnen in den eigenen Wänden bezahlt.
Allerdings ist die selbstgenutzte Immobilie eher eine ideelle als eine rentable Angelegenheit.

Spätestens im Falle einer Veränderung beweist die Immobilie ihren Namen. Sie können sie nicht einfach mitnehmen. Und eine spontane Veräußerung zum optimalen Preis erweist sich oftmals als kompliziert.
Für den Fall der Fälle ist Vermieten besser als Verkaufen.
Zur Kalkulation: Der Kaufpreis der eigengenutzten Immobilie wird komplett vom Käufer bezahlt und getilgt. Die Renditeimmobilie bezahlen der Mieter und der Staat. Ein spontaner mathematischer Überschlag ergibt, dass Sie sich für den Kaufpreis einer selbstgenutzten Immobilie etwa 20 gleichwertige Renditeimmobilien kaufen können. Was gefällt Ihnen aus der Sicht des Investors mehr?

Ein einfaches Beispiel, um den Gedanken nachvollziehbar zu machen:

Renditeimmobile

Zinssatz   3,5 %   Mietrendite   4,5 %
Tilgung 1,0 %

Aufwand   4,5 %   Ertrag 4,5 %

Eigengenutzte Immobilie

Zinssatz   3,5 %   Mietrendite   0,0 %
Tilgung 1,0 %

Aufwand   4,5 %   Ertrag 0,0 %

Es sollte nachvollziehbar sein, dass der Erwerb von Renditeimmobilien derzeit nicht wirklich teuer werden kann.
Sollte Ihnen die eigengenutzte Immobilie wichtig bzw. lieb und teuer sein, dann gehen Sie doch einfach den Königsweg und entschulden Sie die private Immobilie über Renditeimmobilien.

Warum nun also die Immobilie?

Sie verfügen mit dem Kauf einer Immobilie sofort über einen hohen Sachwert. Haben sie die erste Immobilie erworben, dann ist es nur eine Frage der Zeit, bis Sie die nächsten folgen lassen sollten. Nutzen Sie einen Mix aus Bestandsimmobilie und Denkmalobjekten, um auch die Steuern in Eigenkapital zu wandeln.

Die Zinsen sind derzeit extrem niedrig. Und es gibt nach wie vor preislich interessante Angebote am Markt. Decken Sie sich jetzt ein. Es steht außer Frage, dass die Tiefzinsen nicht ewig erhältlich sein werden. Kaufen Sie so viele Qualitätsimmobilien wie möglich, so lange das Preis-Leistungsverhältnis passt. Wir haben einen Mangel an Wohnungen…Millionen von Menschen stehen an den Landesgrenzen und wollen auch irgendwo untergebracht werden. Die Chancen auf Ertrag waren nie so groß wie heute.

Risikofaktor Mieter:

Sind Sie ein typischer Zockertyp? Dann nehmen Sie einfach jeden X-Beliebigen als Mieter Ihrer Objekte. Man mag es spannend und ist oftmals von kleinen Details wie „des Kaisers neuen Kleidern" zutiefst beeindruckt. Mietnomaden sind durchaus geübt im Umgang mit Vermietern und erweisen sich später als echter Stachel im Fleisch oder dem Nervenkostüm. Sie können dann dabei zusehen, wie Ihr Eigentum quasi täglich an Wert verliert. Oder aber…Sie machen das einzig Richtige und bestehen auf eine Eigenschufa oder ziehen die Creditreform zu Rate. Bitte recherchieren Sie Ihren Mieter. Sie vertrauen ihm ein sehr wertvolles Wirtschaftsgut an und sollten entsprechend gut vorbereitet sein. Das Gros der Mieterschaft zahlt die Miete, ohne dass es zu Schwierigkeiten kommt. Aber Vertrauen ist gut…Kontrolle ist besser.

„Wann habe ich nun endlich meine erste Million?"

Ihre Möglichkeiten stehen und fallen mit der Höhe Ihres persönlichen Einkommens. Je höher Ihr Ein-

kommen ist, desto schneller wächst Ihr Immobilienbestand und desto kürzer ist der Weg zur Million.
Wenn Sie Ihr Einkommen entsprechend erhöht haben und für die Bank ein gern gesehener Finanzierungskunde sind, dann sollte Ihr Immobilienbestand innerhalb von 10 Jahren die Millionengrenze überschritten haben. Investieren Sie einen Teil der Überschüsse dann in zusätzliche Tilgungen und kaufen Sie kontinuierlich nach, wenn gute Angebote am Markt sind. Machen Sie Gewinnmitnahmen und verkaufen Sie, wenn ein gutes Angebot vorliegt.
Liquidität parken Sie, abgesehen vom Notgroschen natürlich, in Dingen wie Gold, Silber und Diamanten, ganz nach persönlicher Ausrichtung und Neigung, um sowohl der Inflation als auch den Währungsrisiken zu entgehen. Es ist davon auszugehen, dass die Preise für Gold, Silber und Industriemetalle mit einer Erholung der Weltwirtschaft stark ansteigen werden, da der Bedarf dann drastisch nach oben gehen wird.
Allerdings ist das „wann" derzeit noch spekulativ. Lange dauern wird es jedenfalls nicht mehr.
Setzen Sie nicht auf Geldwerte.
Bitte rufen Sie sich ins Gedächtnis zurück: Geld ist letztendlich substanziell völlig wertlos. Mit Papier können Sie im Krisenfall vielleicht noch die Wand tapezieren oder heizen. Buchgeld auf dem Konto hat dann noch nicht einmal Heizwert. Geld ist nichts anderes als verbriefte Schulden. Und Sie wollen doch nicht wirklich die Schulden anderer als Kapitalaufbau einsetzen?
Die Subprime-Crises 2008 zeigte, wie werthaltig Schulden als Investitionen sind. Der Name Lehman-Brothers wird den Betroffenen unvergesslich bleiben.

Hans im Glück Teil 16

Die Bürger von Glückstadt kamen zusammen und beratschlagten.

Danach jagten sie mit einem durchaus gefährlich aussehenden Lächeln auf den Lippen die Herren Hinz und Kunz aus der Stadt. Sie verboten den Geldverleih gegen Zinsen auf ewig und druckten selbst ihr gemeindeeigenes Geld, welches stets auf ein gesundes Verhältnis zur daraus entstehenden Wertschöpfung überwacht wurde und durch Gemeindeeigentum in Form von Grund und Boden abgesichert war.
Gute Dienste leistete hierbei der ehemalige Marmortempel der Glücksburgbank als Heim für Alte, Kranke, Witwen und Waisen.

Er war das einzig wertvolle Gut, das die Bank zurückgelassen hatte, denn vom Gold, Silber und Geschmeide aus den Tresoren der Bank fehlte jede Spur.
Hans hatte seine Lehren aus seinen Erfahrungen gezogen und war zurück zur Mühle gekehrt, wo er seine Arbeit wieder aufnahm, gern gesehen vom Meister.

Eines Tages trug der Meister ihm auf, in die nahegelegen Stadt Goldenburg zu gehen, um einen neuen Esel für die Mühle zu kaufen. Er gab ihm einen kleinen Beutel voller Gold zur Bezahlung und Hans ging guten Mutes, ein fröhliches Liedlein auf den Lippen seines Weges. Er war kurz vor den Stadtmauern von Goldhausen als plötzlich...

„Heda, junger Mann. Du musst ein wahrer Glückspilz sein, dass Du mir hier und jetzt...!"

> „Vertraue auf Allah...
> aber binde Dein Kamel
> fest!"

Die Erkenntnis

Gerade die Dinge, die alle für selbstverständlich halten, verdienen es, am genauesten überprüft zu werden.

Bank und Versicherungsprodukte für den Kapitalaufbau sind allgegenwärtig. Es befinden sich geschätzt 100 Millionen Lebens- und Rentenversicherungsverträge in den Schubladen der deutschen Sparer.

Unseren Volksvertretern sind anscheinend die weitreichenden Konsequenzen für den Bürger nicht so wichtig.
Sie sind die von uns legitimierten und bezahlten Mitarbeiter und haben von uns den Job erhalten, unsere Interessen zu vertreten. Stattdessen ergehen Sie sich in Lobbyarbeit für Finanzindustrie und Konzerne. Das ist sicherlich einträglicher als die knappen Bezüge eines Abgeordneten auf Zeit und Renten in einer Höhe, die den normalen Rentner erbleichen lassen.
Ansonsten gäbe es Dinge wie Riester- oder Rürup-Rentenverträge und anderen Unfug nicht.

Banken und Versicherungen sind Wirtschaftsunternehmen und haben andere Interessen als die optimale Kapitalvermehrung ausgerechnet ihrer Kunden.

Akzeptieren wir doch einfach die Dinge wie sie sind und nicht, wie wir sie gerne hätten.

Der Aufbau eines Vermögens gehört in die eigene Hand. Nicht in die Hände anderer. Und genauso ist es mit dem erworbenen Vermögen.

Investieren Sie Liquidität in reine Sachwerte und halten Sie Ihr Eigentum im eigenen Besitz.
Der Königsweg ist die Renditeimmobile, die es Ihnen auch ohne Eigenkapital ermöglicht, schnell im großen Rahmen investiert zu sein.
Schaffen Sie die Voraussetzungen dafür, im größeren Rahmen auf Immobilieneinkaufstour zu gehen.

Und nun noch zu einem Thema, dass sich in den aktuellen Tagen nicht vermeiden lässt. Die Krisenvorsorge.

Anscheinend sind die Tage des Dollars und Euros gezählt. Sie haben bereits das Phänomen Argentinien auf Seite 23 betrachten dürfen. Staatspleiten sind die Regel und nicht die Ausnahme. In unserem Fall sprechen wir von den gesamten europäischen Staaten, von denen Deutschland der Zahlmeister ist. Es ist daher unumgänglich, reales Kapital in Gold, Silber oder Diamanten zu wandeln, um Ihr sauer erwirtschaftetes Kapital vor dem Verlust zu bewahren.
Allerdings kann im Falle einer länger andauernden Krise auch die Situation eintreten, in der ein Tausch

von Metall oder Steinen gegen Lebensmittel oder gar Zigaretten mangels Angebot nicht, nur schwer oder immens teuer möglich ist. Für diesen Fall sollten Sie unabhängig von allen Maßnahmen eine gesunde Vorratshaltung betreiben.

Legen Sie sich einen Notvorrat von 100 Flaschen Alkohol in den Keller. Getrunken wird immer. Sollte keine Krise kommen, dann machen Sie eine heftige Party mit allen Freunden und haben Sie Spaß. Ansonsten können Sie Alkohol immer gegen andere Dinge tauschen. Ebenso ist ein Vorrat an Zigaretten als Tauschware von Vorteil. In Deutschland gab es bereits zweimal eine Zigarettenwährung als Alternative zu wertlosem Bargeld. Bevorraten Sie sich mit einigen Litern Pflanzenöl, Reis, Kaffee und was ihnen noch wichtig erscheint. Trockenobst, Gemüse, Getreide und Hülsenfrüchte sind nahezu unverwüstlich.

Für Großmutter waren solche Dinge selbstverständlich. Ich bekomme heute noch nahezu romantische Anwandlungen, wenn ich nostalgiere, wie die gesamte Familie bei Oma Dosen und Gläser „einweckte". Bei der Haushaltsauflösung fanden sich intakte Relikte mit einer Lebenszeit von über 30 Jahren an. Allerdings haben wir auf eine kulinarische Überprüfung verzichtet und die nahezu antiken Bestände fachgerecht entsorgt.

Bauen Sie Kontakte auf. Es ist niemals verkehrt, einen Schlachter als persönlichen Freund zu haben. Ein weiterer Hinweis: Kaufen Sie nicht zu viele Dienstleistungen ein. Tauschen Sie auf nachbarschaftlicher

Basis. Sie zahlen so nur einen Bruchteil einer Brutto-Handwerkerstunde mit Anfahrt nebst Material und fördern den Zusammenhalt untereinander. Nichts ist besser als ein privater, gut funktionierender Wirtschaftskreislauf. Apropos: Sie sparen ungemein viel Steuern auf legale Art und Weise, wenn Sie ihrem Nächsten helfen. Selbst biblisch betrachtet erlangen Sie Vorbildcharakter.

Ach ja…bis zum Jahre 1989 und dem Fall der Grenzen war es zumindest in einem Teil der Republik üblich, auf Eigeninitiative und gegenseitige Hilfe zu bauen. Je stärker das „Miteinander" ist, desto stärker ist auch die Gemeinschaft.

Es werden sich bei den vielen Aufgabenstellungen, die auf Sie zukommen, Fragen ergeben. Bitte scheuen Sie sich nicht, mir zu schreiben. Konstruktive Kritik ist ebenfalls ausdrücklich erwünscht.

Wichtig: Ich bitte Sie um Ihre Unterstützung. Das Erstaunliche an den meisten Menschen ist, dass sie das grob Offensichtliche nicht wahrnehmen können oder wollen. Einige wenige handeln, viele schauen dabei zu und die große Mehrheit bemerkt nicht einmal, dass etwas passiert. Engagieren Sie sich bitte. Es ist sekundär, ob Sie sich für die Natur oder die Menschen engagieren. Zeigen Sie bitte soziales Engagement.

Der Erlös aus dem Verkauf dieses Buches wird dem Verein Mundo Verde zur Verfügung gestellt. Mundo Verde engagiert sich für die Wiederaufforstung von Brachflächen im Gebiet des ehemaligen tropischen Regenwaldes mit dem Schwerpunkt Paraguay.

Warum der Regenwald?

Der Regenwald ist die grüne Lunge des Planeten. Etwa 50% des Weltsauerstoffs entstehen in den tropischen Regenwäldern. „Kein Regenwald" bedeutet auch für uns als Europäer „keine Atemluft". Auf wie viele Atemzüge würden Sie gern verzichten? Jeden zweiten vielleicht?
Der Regenwald stabilisiert das Weltklima. Jeder Baum hilft.

MundoVerde fördert weitere Projekte wie zum Beispiel den Schutz bedrohter Arten vor Ort. Jaguare sind wie viele andere Lebewesen auch vom Aussterben bedroht. Eine Aufzuchtstation steht auf der Liste der noch umzusetzenden Projekte.
Wir bemühen uns um die Ausbildung von Rangern, deren Aufgabe der Schutz der neubewaldeten Fläche ist.
Auch ein Schulprojekt steht an. Ohne Bildung fehlt die Einsicht in die Problematiken und die Lösungsmöglichkeiten.
Derzeit arbeiten wie aktiv an der Sanierung eines Sees mit der Fläche von immerhin knapp 150 Quadratkilometern. Es ist kaum zu glauben, wie Menschen mit den ihnen von der Natur anvertrauten Werten umgehen können, wenn die Möglichkeit der Bereicherung besteht. Wozu die Natur pfleglich behandeln, wenn man sein Abwässer auch der Allgemeinheit aufbürden kann?

Das Projekt ist nicht kommerziell und freut sich über Ihre tatkräftige Unterstützung. Wir freuen uns über Fördermitglieder sowie aktive Mitstreiter. Der Planet

Erde hat uns reichhaltig beschenkt und wir sollten nicht zögern, uns dafür bei ihm zu bedanken.

Weitere Informationen über den Verein Mundo Verde finden Sie unter www.worldwidegreen.jimdo.com

Vielen Dank für Ihre Aufmerksamkeit.

Und nun ist es an Ihnen, die Ärmel hochzukrempeln und „Dinge" zu tun. Wie gesagt: *„Don't sing it...bring it!"* Ich drücke kräftig alle verfügbaren Daumen und wünsche Ihnen allen Erfolg der Welt bei der Realisierung des finanziellen und persönlichen Erfolges. Sollten Sie persönlichen Gesprächsbedarf haben, stehe ich Ihnen gern zur Verfügung.

Mit besten Grüßen

Barthle B. Boss